LIONA
Álvaro Herce Rosales

LA NANA TRUNCADA
Ana Isabel Alarcón Gómez

MARS ONE (2033)
Markel Hernández

COLECCIÓN PREMIO MIGUEL ROMERO ESTEO Nº 9

COORDINACIÓN DE LA EDICIÓN:
Agencia Andaluza de Instituciones Culturales
Instituto Andaluz de las Artes Escénicas y de la Música.
Centro de Investigación y Recursos de las Artes Escénicas de Andalucía
EDITA: Consejería de Turismo, Cultura y Deporte. Junta de Andalucía
©DE LA EDICIÓN: Consejería de Turismo, Cultura y Deporte. Junta de Andalucía
©DE LOS TEXTOS: Álvaro Herce Rosales, Ana Isabel Alarcón Gómez y Markel
Hernández
©DEL PRÓLOGO: Violeta Hernández
DISEÑO, MAQUETACIÓN E IMPRESIÓN: Grupo Diacash.
DEPÓSITO LEGAL: 1560-2024
ISBN:978-84-9959-495-8

INTRODUCCIÓN

En un espacio tan limitado como una caja escénica cabe todo. Porque todo es mentira. Todo es una convención. Todo es mentira, pero todo es pura verdad, pues el teatro es vida imaginada. Imaginar, escribir, reescribir, escucharse, reimaginar, encontrar el sentido y el ritmo de las palabras, acertar y emocionar, desear emocionar, escribir mecánicamente, leer, desear parecerse a alguien, desear no parecerse a nadie, tener talento, tener oficio, todo esto forma parte de la dramaturgia. Y no es fácil, no. No es fácil imaginar, no es fácil escribir y no es fácil emocionar con este género. No es sólo cuestión de talento, sino de tesón, tiempo y dedicación.

Con la recuperación del Premio Miguel Romero Esteo, queremos contribuir a incentivar la escritura dramática, queremos animar a plasmar por escrito aquello que viaja por la imaginación, y a que los inquietos no cejen en el empeño de trabajar este género. Tiene que haber jóvenes que se inicien en el oficio de la dramaturgia y se les reconozca. Tiene que haber jóvenes que nos escriban cómo ven el mundo en forma de teatro.

El Instituto Andaluz de las Artes Escénicas y de la Música, recupera, con edición renovada, la publicación de los ganadores del Premio de Textos Teatrales Miguel Romero Esteo, Álvaro Herce, ganador, y Ana Isabel Alarcón y Markel Hernández, accésit; con la convicción de que la dramaturgia andaluza debe leerse, imaginarse y difundirse en todas partes desde ahora mismo.

Violeta Hernández

Directora del Instituto Andaluz de las Artes Escénicas y de la Música
Agencia Andaluza de Instituciones Culturales

LIONA

De cómo la peste llegó a Calatrava y los
azahares aprendieron a llorar.

Álvaro Herce Rosales

Álvaro Herce Rosales. Dramaturgo y creador escénico, licenciado en Interpretación textual. Comienza su formación como actor en 2018, en el grado de Interpretación textual de la ESAD de Sevilla. En este aprendizaje descubre la danza-teatro y las artes escénicas multidisciplinares. Actualmente, continúa sus estudios en Dramaturgia, a la par que escribe y dirige.

DRAMATIS PERSONAE

MATEO. 30 años
SUSANA. 27 años
VITTORIO. 48 años
LA VECINA.
EL EDIFICIO.
* El signo/ se utilizará como interrupción brusca.

Sevilla. Un bloque de pisos perteneciente a una época pasada del barrio de la Alameda. Un gotelé re-pintado, abultado y desconchado conforma el leitmotiv del edificio. En cada rincón se percibe una lucha perenne y desgastada contra la podredumbre. Como un coloso moribundo, el bloque entero se inunda de pústulas..

I

En el tercer piso, por la noche, SUSANA *deshace las maletas y guarda la ropa en el armario de su cuarto.* MATEO *trabaja con el portátil en el salón. Cada uno está concentrado en sus tareas, y cuando uno habla, el otro tarda unos diez segundos en responder, a veces más, a veces menos. En esos momentos en los que ninguno habla, el ruido de tuberías inunda la escena.*

SUSANA. ¿Le preguntaste a tu hermano por la cuna? ¿Mateo?

MATEO. Sí, sí. La iba a buscar, pero dice que no sabe si la tiró o si la dejó en casa de mi madre. Pero no hay prisa, ¿no?

SUSANA. El cuarto del niño tiene humedades.

MATEO. Me lo comentó Vittorio. Este piso está rodeado de otros bloques y no coge mucho sol. Nos trasladarán antes de que nazca. Mientras tanto, podemos tener el cuarto como habitación de invitados.

SUSANA. Podríamos comprar un deshumidificador.

MATEO. Valen un dineral. Para lo que vamos a estar aquí no creo que sea necesario.

SUSANA. No sabían cuánto tiempo tendrías que estar.

MATEO. En la última reunión dijeron que estaba casi todo solucionado.

SUSANA. Pensaba que te habían dicho que te quedarías hasta el final de las remodelaciones.

MATEO. Las remodelaciones se han parado.

SUSANA. ¿Y eso?

MATEO. Es un proceso complicado. El edificio está anticuado y hay que hacer las cosas con cautela. Pero te prometo que pronto estaremos fuera. Además, estamos a un paseo del centro. ¿Has visto el escritorio?

SUSANA. ¿Cuándo comienzan las obras?

MATEO. Están esperando.

SUSANA. ¿A qué?

MATEO. Permisos. Quieren cambiar todas las instalaciones.

SUSANA. ¿Por qué no lo echan abajo?

MATEO. ¿Sabes lo que cuesta una demolición?

SUSANA. Joder, Mateo. Tranquilo. No creo que valga mucho menos que hacer el edificio de cero.

MATEO. Ni idea. No controlo ese tipo de gastos. Pero si creen que es mejor hacerlo así, será porque lo es. Lo tienen todo pensado. Liona es demasiado grande como para jugársela al tun tún con los gastos que hace. No sé cuántos gestores tiene, pero te aseguro que los suficientes para no perder un duro.

SUSANA. Me gustaría saber cuánto nos van a tener aquí hacinados.

MATEO. El suficiente para conocer la zona y llegar a nivel cuatro.

Silencio.

SUSANA. Bueno. Espero no estropear vuestro plan solidario de conexión con el vecindario, pero me gustaría que mi hijo no se criara en un bloque que se cae a pedazos. Llámalo capricho.

MATEO. Se tarda toda una vida en ser un vecino más, pero solo tres semanas en hacerse amigo del camarero. Creo que Vittorio tiene razón. En un mes conseguiremos los permisos, y para entonces ya conoceré el barrio como si me hubiera criado en él. Vittorio confía plenamente en mí. Cuando le demuestre lo que sé y me suba a nivel cuatro, nos iremos de aquí. *(Se asoma a una ventana).* Mientras tanto, podemos empezar cenando en el restaurante de la esquina. Tiene buena pinta.

SUSANA. ¿Un tailandés?

MATEO. ¿Qué problema hay?

SUSANA. Pensaba que buscabas algo más local.

MATEO. Otro día nos damos una vuelta. Será por restaurantes.

SUSANA. Vale. Déjame que me de una ducha.

SUSANA *va de la habitación al cuarto de baño.*

SUSANA. El suelo del baño está nuevo.

MATEO. ¿Qué?

SUSANA. Que está nuevo. Pensaba que el piso llevaba tiempo vacío.

MATEO. Ah, sí. Lo arreglarían antes de que viniésemos.

SUSANA. Qué detalle.

MATEO: Para cuando llegue el bombo estaremos en una casa con piscina.

SUSANA. No lo llames así.

MATEO. ¿Así cómo?

SUSANA. Bombo.

MATEO. Eres tú la que lo llama así siempre.

SUSANA. Me da igual.

MATEO. Vale, cariño. Lo tendré en cuenta.

SUSANA. Bombo suena a que no fuera deseado. Como cuando te casas de penalti. Te casas con el bombo. Como si fuera una diana.

MATEO. No lo había visto así. Perdona.

SUSANA. Da igual.

Silencio.

SUSANA. El agua sale helada.

MATEO. Espera un poco.

SUSANA. No funciona el termo.

MATEO. ¿No?

SUSANA. No, Mateo.

MATEO. Ah, no. Ya, no lo han arreglado.

SUSANA. ¿Sabías que estaba roto?

MATEO. No, claro que no.

SUSANA. Entonces, ¿por qué/

MATEO. Lo he supuesto.

SUSANA. No puedo ducharme con el agua tan fría.

MATEO. El médico te dijo que te vendría bien para la circulación.

SUSANA. El médico me suda los cojones.

MATEO. Tranquilízate, Susana.

SUSANA. No me pidas que me tranquilice.

MATEO. Perdona, amor.

SUSANA. Yo no pedí venir aquí.

MATEO. Lo sé, amor. Ven aquí,

SUSANA. ¡Déjame! *(Nada más se aleja de* MATEO, *vuelve a él apoyándose en su pecho y rompiendo a llorar).*

MATEO. Entiendo que estés asustada. Te he pedido que confíes en mi proyecto y estoy feliz de que hayas venido conmigo. Sé que todo es muy raro. Cuando llegue a nivel cuatro no te vas a tener que preocupar de nada, amor. Vas a tener todo lo que necesites, y más. Y nos vamos a ir a una casa bonita, que tú puedas llenarla de las flores que te gustan.

SUSANA. Vale.

MATEO. Tú piensa en lo que más quieras en el mundo, que en cuanto pueda te lo consigo. Es más, te lo va a pagar Vittorio. Vamos a vivir como reyes, ya verás.

SUSANA. Seguro que sí.

MATEO. Ven aquí. *(Tocándole el vientre y la cabeza con las manos, canta una nana).*

Un rayo de luna que
cubre las flores.
Un velo de plata
que cuida mis noches.
Acuna a esta
niña con esta
canción,
que los angelitos
velen con amor.
La niña bonita,
la que quiero yo.

Silencio.

Las tuberías respetan el minuto de paz.
Vuelven a rugir y SUSANA *se viste y se prepara para salir.*

Silencio.

De pronto, como si los jugos gástricos del coloso moribundo empezasen a descomponerlo desde dentro:

SUSANA. ¿Hueles eso?
MATEO. Serán las cañerías.
SUSANA. Huele mucho peor.
MATEO. Puede que haya algo podrido en la cocina.
SUSANA. ¿No limpiaron el bloque antes de que viniéramos?
MATEO. Se supone que sí.
SUSANA. En la cocina no olía mal. Huele ahora.
MATEO. Pues no sé, cariño.
SUSANA. Voy a cerrar la ventana.

Silencio

SUSANA. ¿Esto es normal?
MATEO. ¿El qué?
SUSANA. El olor.
MATEO. Vittorio no me dijo nada.
SUSANA. Ya. Tengo náuseas.

Silencio.

SUSANA. No puedo más, voy al baño.
MATEO. ¿Estás bien?
SUSANA. No te preocupes.
MATEO. Vale, cariño, avísame con lo que sea. Te amo.

03:31

SUSANA se levanta del sofá, insomne.

Se va a la cocina a beber agua.

Se sienta en el sofá, buscando el sueño entre todos los rincones del techo. Trata, por todos los medios que conoce, de quitarse a su madre de la cabeza.

Alcanza a contar 172 ovejas.

Entre el sueño y la vigilia, comienza a pasear por los seis metros cuadrados del piso.

Se escucha un graznido que viene del interior del baño. El graznido se repite, aumentando la intensidad.

Susana queda de pie, somnolienta, con la mirada fija a la entrada del baño. A las puertas de la calle Calatrava, se abre el primer azahar.

II

Al día siguiente, por la mañana. SUSANA *entra al apartamento.* MATEO *habla frente al ordenador, vestido con un traje azul oscuro y una corbata naranja butano. Lleva puestos unos auriculares inalámbricos y está hablando por videollamada.* SUSANA *va a la cocina.*

MATEO. Un momento *(Se quita los auriculares).* Ah, ¡cariño! ¿Estás aquí ya?

SUSANA. Sí, ya he vuelto, he estado desayunando por el casco antiguo y/

MATEO. ¿Quién está llorando?

SUSANA. Es una mujer mayor. Me la he cruzado subiendo las escaleras. ¿Podemos hablar un momento?

MATEO. Estoy liado *(Se señala los cascos).*

SUSANA. Es importante. Esa mujer/

MATEO. Estoy trabajando, cariño. *(A la pantalla).* Sí, Vittorio, disculpa. Acababa de llegar... Sí, sí... Para la Iglesia. Gracias, Vittorio.

SUSANA *guarda la comida y prepara un guiso en una olla exprés.* MATEO *continúa su reunión.*

Los llantos se intensifican. SUSANA *duda si bajar. Se asoma a la puerta y a las ventanas, tratando de asegurar que los gemidos vengan del segundo piso.*
Está inquieta.

MATEO. Fue bastante bien, Vittorio. Fue sencillo. O sea, el chico quería quedarse. Pero su tío le convenció de que no tenía sentido ponerse sentimental en una situación... Sí, es lo que le dije... Eso lo primero, que lo ayudaríamos en lo que necesitara. A ver, en realidad, parecía un chico con cabeza... Sí, me dijeron que por ellos podían cerrar la venta. Ya depende de lo que opine la empresa. La idea sería aprovechar una ayuda municipal para la recuperación urbana de la periferia y... Exacto... Pues cerca del colegio hay...

SUSANA *se coloca los cascos y los apuntes de las oposiciones al lado mientras cocina.* SUSANA *solo escucha música, enturbiada por los llantos de la vecina. No consigue concentrarse.*

Termina en la cocina y va al sofá del salón.

Sigue sin concentrarse y consulta a MATEO.

SUSANA. ¿Te falta mucho?
MATEO. Estamos terminando.
SUSANA. No sé si ir a preguntarle o llamar a alguien.
MATEO. Ahora hablamos.
SUSANA. Pregúntale a Vittorio si/
MATEO. Un momento, cariño.

SUSANA *se sienta en el sofá a pensar. De pronto, los gemidos cesan.*

SUSANA *respira y se acuesta en el sofá.* MATEO *se despide de la reunión.*

MATEO. Muchas gracias, Vittorio. Gracias por esta oportunidad. Vamos hablando... Sí, yo también lo creo... Gracias, gracias. Hasta luego. *(A* SUSANA*).* Acabo de cerrar la compra del piso de los González Díaz.
SUSANA. Vaya.
MATEO. ¿Te acuerdas?
SUSANA. No mucho.
MATEO. Le había propuesto a Vittorio buscar pisos por esa zona.
SUSANA. No caigo ahora mismo. Estoy agotada.
MATEO. No pasa nada.

SUSANA. ¿Y qué ha pasado?

MATEO. Es el piso de unos chavales de Santa Justa, que viven en un bloque como este y uno de ellos había heredado el piso del padre, que en paz descanse. Pero el pobre no tenía donde caerse muerto. Por la pasta. El pobre estaba... era para verlo, comío comío, que te lo encuentras por la calle y das la vuelta. Además estaba con un lío de drogas... total. Que le compramos el piso. Su tío, que habló con Vittorio, me ha dado las gracias una y otra vez. ¡A mí! Porque se la hemos comprado a muy buen precio. Setenta mil euros. ¿Sabes lo que puede hacer ese chaval con setenta mil euros? Yo lo tengo claro, cariño. Puedo darle nuevas oportunidades a la gente. Si ese chaval curra, tendrá dinero para salir de la droga y de lo que haga falta. El dinero es lo más importante para prosperar y él lo tiene ahí, pam, setenta mil tacos. Por eso yo trabajo tan duro. A mí Vittorio me lo dice. El otro día dijo que si hiciéramos las mamonadas esas americanas a mí me tendrían que poner en el marquito de empleado del mes. Joder, Susana. En nada vamos a estar en la cresta de la ola.

SUSANA. Me alegro mucho, cariño.

MATEO. Gracias, cielo.

SUSANA. ¿Sabes algo más?

MATEO. ¿Sobre qué?

SUSANA. Sobre el piso. Si nos vamos a quedar mucho más tiempo.

MATEO. Quieren que me quede hasta que consigan los permisos. Quizá vengan funcionarios y tenga que hablar con ellos. Tengo que hacer de guardián de la torre. Pero ya verás que en un mes está listo.

SUSANA. ¿Cómo vais a hacer obras con la vecina?

MATEO. ¿La has visto?

SUSANA. Te lo he dicho, cuando llegué con la compra.

MATEO. ¿Te hizo algo?

SUSANA. ¿Qué? No, la cogí en brazos en la escalera. Le dio un blancazo. Casi se mata. ¿Por qué me iba a hacer nada?

MATEO. Sería la madre. Son una madre anciana con demencia y una hija que tampoco está muy bien de la cabeza.

SUSANA. ¿Por qué no me habías dicho que teníamos vecinas?

MATEO. No puedo contarte todo lo que hablamos. Hay temas confidenciales.

SUSANA. Coño, Mateo, pero que son nuestras vecinas. Imagínate qué susto si llaman a la puerta.

MATEO. Bueno, lo siento. Oye, ¿sabes si le queda mucho a la comida? Quiero aprovechar para salir a correr por la mañana.

SUSANA. Le queda un rato.

MATEO. Voy a cambiarme entonces. *(Va a la habitación).* Tampoco les queda mucho tiempo aquí. Hace 6 meses, en la primera reunión, hablaron de que las querían trasladar.

El ruido de las cañerías se acrecienta, como si el coloso moribundo despertara una mañana más.

SUSANA. ¿Qué? No te escucho.
MATEO. Un momento.

MATEO *vuelve con ropa de deporte.*

MATEO. Liona las quiere trasladar.

SUSANA. ¿Y eso?

MATEO. Querían llevarlas a un piso en los Remedios, con una residencia a cinco minutos.

SUSANA. ¿Desde cuándo sois Cáritas?

MATEO. Liona se preocupa de sus inquilinos, y esas mujeres están en una situación complicada.

SUSANA. No creo que sea buena idea echarlas de su casa.

MATEO. No las vamos a echar, Susana. Es lo mejor para ellas. Aquí tarde o temprano enfermarán o tendrán un accidente.

SUSANA. ¿Y por qué no hacéis las obras con ellas aquí?

MATEO. Peor me lo pones.

SUSANA. Sacarlas de su piso de toda la vida va a ser peor.

MATEO. No sabemos cuánto tiempo llevan aquí, Susana.

SUSANA. A mi abuela Tere se la cargaron cuando la arrancaron de su casa. También la ingresaron por su bien. Sacarla de ahí fue quitarle lo que más quería.

MATEO. Tu abuela Tere no se acordaba ni de cómo contar.

SUSANA. Precisamente.

Silencio.

SUSANA. La hija de puta lo último que hizo en vida fue decirle al enfermero que era muy guapo, muy guapo, y que sí la quería para él, que se fueran los dos a su casa, que para algo estaba viuda.

MATEO. Lo de tu familia no tiene nombre. Eras la única cuerda en esa jaula de grillos.

SUSANA. A todas nos han puteado. Llevamos la malafollá en la sangre.

MATEO. Pero tú al menos te estás sacando unas oposiciones.

SUSANA. ¿Y? Mi tía Maribel, la mayor, se sacó la carrera de ingeniería en el 78. La única con carrera. A los tres años se casó con un compañero de la facultad y se hizo ama de casa. Perdimos la cuenta de las veces que le ha perdonado los cuernos. Y no creo que mi tía Maribel estuviese mal de la cabeza.

MATEO. Podría haberse divorciado.

SUSANA. ¿Y a dónde iba? En la familia de mi madre son cinco hijas. Mi tía Inés, la segunda, fue una pedazo de punki que no se hablaba con mi tía Maribel, y que se fue a Argentina con un novio que se echó de fiesta. No pidió perdón ni permiso. Mi tía Rosario, la tercera, por no aguantar las peleas familiares se metió en la droga cuando Inés se fue. Terminó en la cárcel. No supimos más de ella. Van tres. Y queda mi tita Lucía, que la pobre mía no hizo más mal que volver a casa de noche por el barrio. Le vino un niñato, se puso farruca como todas las hermanas cada vez que les viene un tonto, se fue para él, este le dio una mala puñalá y hala. No llegó ni al hospital.

Silencio. El coloso moribundo escucha atentamente la historia de las hermanas.

SUSANA. En mi familia, las mujeres tenemos la sangre negra. No sé a quién putearía mi abuela, pero algo nos echaron.

MATEO. ¿Por eso os vinisteis a Sevilla?

SUSANA. Mi madre decía que quería alejarse de mi padre. Pero no creo que fuera eso. Se separaron poco después de que muriera Lucía. Creo que mi madre quería alejarse del barrio. O al menos, de casa de mi abuela. De lo que le sirvió.
Voy al baño.

MATEO. ¿Estás bien, cariño?

SUSANA. Me meo. Con el niño me paso el día meando.

MATEO. ¿Puedo hacer algo para animarte?

SUSANA. *(Desde el baño).* No te preocupes. Tengo muchas cosas en la cabeza. Anda, mira, un patito. Si tuviéramos una bañera lo guardaría para el peque.

MATEO. Guárdalo. Cuando tengamos nuestra casa tendremos bañera y piscina.

SUSANA. De chica tenía uno al que llamaba Súper Cuac. Cuando se me perdió me pasé tres días llorando. Hasta que mamá me regaló a Paquita la patita. ¿Vittorio seguirá en contacto con la familia que estuvo aquí? Seguro que el hijo o la hija se pondría super feliz si se lo devuelven.

MATEO. Le preguntaré.
¿Llegaste a algo con tu hermana?

SUSANA. No quiero pensar en eso ahora.

MATEO. Perdona.

SUSANA. Mañana la llamo. Me ha dado un mes de plazo, si no la pone en venta.

MATEO. ¿Y sabes qué vas a hacer?

SUSANA. Yo tampoco tengo fuerzas para vivir ahí. Es la casa en la que me he criado. Pero llegar y pensar en mi madre en el... *(Empieza a llorar, sentada en la taza del váter)*. No lo sé, Mateo. Que haga lo que quiera.

MATEO. *(Yendo al baño a consolarla)*. Tranquila. Ven, ven aquí. Ya veremos qué hacemos. Todavía tienes margen para responderle. Respira. ¿Quieres que ahora te de un masajito?

SUSANA. No hace falta. ¿Sabes lo que puedes hacer? Conseguir que dejen en paz a esas dos señoras. Que tengan cuidado con las obras y ya está.

MATEO. Haré lo que pueda.

Se besan. La olla exprés empieza a pitar.

III

Días más tarde por la mañana. SUSANA *se despierta en el sofá. Se levanta, lee un post-it que* MATEO *le ha dejado en la mesa, y va a hacerse el café. Llaman a la puerta. La* VECINA *es una mujer que aparenta físicamente más de 70 años, y menos de 40 kilos. Lleva un vestido de flores, guantes de tela y zapatillas de andar por casa. El ruido de las tuberías saluda a una vieja amiga.*

VECINA. Buenos días.

SUSANA. Anda, vecina. ¿A dónde va? ¿Está bien? ¿Está su hija por aquí?

VECINA. ¿Mi hija? Ah, no, no. perdona la confusión. ¿Tú fuiste la que me ayudó ayer, verdad? Qué vergüenza, discúlpame de verdad.

SUSANA. Ah, discúlpeme usted. Como decía usted/

VECINA. Sé lo que decía. Sí, es que estaba preocupada. El estrés me tiene *quemaita*, ¿sabes? De verdad, discúlpame por lo ocurrido.

SUSANA. No se preocupe, no fue nada.

VECINA. Venía a presentarme. Sois nuevos en el bloque, ¿no? Soy Pilar, encantada.

SUSANA. Susana, encantada. Sí, llegamos hace un par de/

VECINA. Sí, os vi llegar. Tenía muchas ganas de conoceros. Es una alegría tener a un par de españoles en el bloque. Entre que se ha ido todo el mundo y que hace tiempo que no viene nadie estoy más sola que la una.

SUSANA. Entiendo. ¿Quiere pasar? Nos podemos tomar un café y me habla usted del barrio.

VECINA. Yo ya no conozco mucho el barrio, hija mía. Me paso el día encerrada con mi madre. Como me pase dos minutos fuera de casa empieza a llorar, es como una niña chica. Solo venía a presentarme.

SUSANA. Bueno, si la escucha puede bajar en un momento. Me gustaría conocer un poco a nuestra nueva vecina, pero como usted prefiera.

VECINA. Qué linda eres, niña. La he dejado durmiendo, así que tardará en levantarse. No creo que haya problema. Se la escucha roncar desde aquí.

SUSANA. Siéntese. Le caliento el café. ¿Leche de soja o desnatada?

VECINA. ¿Normal no tienes?

SUSANA. La desnatada, si eso.

VECINA. Pues esa.

La VECINA *se sienta en el sofá. Las entrañas del bloque dormitan, como si encontraran su descanso en presencia de la vecina. El rugir de las tuberías suspende su ejercicio de cancerbero.*

SUSANA. Anda, un poco de paz.

Aquí tiene.

VECINA. Gracias, hija. ¿Es la primera vez que estáis por aquí?

SUSANA. Estuve un tiempo viviendo en Triana con mi madre de pequeña, pero jugaba mucho en la Alameda. Mi madre tenía amigos por aquí. Para Mateo sí es la primera vez. El barrio está muy cambiado, ¿no? No lo recuerdo así.

VECINA. Está mucho mejor ahora. El Ayuntamiento se ha esforzado en ponernos guapos para los ingleses. Ahora hay menos yonkis.

SUSANA. Será eso. ¿Decía usted que no quedan vecinas por la zona?

VECINA. Qué va, niña. Soy la única vieja chocha que queda por aquí. ¿De dónde venís vosotros?

SUSANA. De Córdoba.

VECINA. ¡Qué preciosidad! Mi marido me llevaba mucho de joven.

SUSANA. ¿Trabajaba allí?

VECINA. Era camionero y putero profesional. Pasaba menos tiempo en casa que en el camión. Y mejor así.

SUSANA. ¿No lo quería usted?

VECINA. ¿Yo? Ni en pintura. Pero cuando era joven esta zona era más peligrosa, y mi marido tenía buena fama. Buena para mí. Si no querías acabar con un agujero en la cabeza mejor que no me tocaras. No te asustes, hija. El barrio está mucho mejor ahora. Los guiris no llevan navajas.

SUSANA. Entonces, ¿por qué dice que está aquí encerrada?

VECINA. No puedo ir a casi ningún lado sin mi madre. Ni al baño voy sola. Ayer me viste porque acababa de bajar a la china de aquí abajo a comprar.

SUSANA. Podría ponerle una señora.

VECINA. ¿Con qué dinero? Además, que no me fío. Hace seis meses tenía una filipina que cuidaba de mi madre. Encantadora la niña, eh. Y guapísima, apretá apretá. Pero la chochogordo le abrió la puerta a unos tipos que preguntaban por mí. Y los cabrones se llevaron todo el oro de mi marido y todos los ahorros que tenía escondidos. Porque yo no guardo nada en los bancos, yo todo lo que ganaba de fregona lo escondía. Y pues nos quedamos tiesas. Desde entonces tiramos con la pensión de mi madre, y me paso todo el día aquí metida. Nos da justito para comer, pero total, para lo que nos queda...

SUSANA. Pensaba que esta zona ya no era peligrosa.

VECINA. Y no lo es, hija mía. Os han arreglado el baño, ¿no?

SUSANA. No sabía que estaba roto.

VECINA. ¿No os han dicho nada? ¡Já! Qué cabrones. Hace tres meses metieron a una familia de yonkis en este piso. Los niños se hicieron una piscina en el baño. No en la ducha, no, no. En el suelo del baño. Fantástico, ¿eh? Y yo con las paredes encharcadas, goteras y mi madre gritando. Menos mal que la policía se los llevó pronto de aquí. Tener a los locales aquí al lado por fin sirve de algo. Esos fueron los últimos vecinos que tuvimos. ¿Tú fumas?

SUSANA. ¿Qué?

VECINA. Que si fumas. ¿Estás bien, niña?

SUSANA. Fumaba. Lo dejé por el niño. ¿Por?

VECINA. La niña.

SUSANA. Bueno. Todavía no sabemos qué será.

VECINA. Yo sí. Le digo que será una niña preciosa. No te extrañes, hija. Las viejas somos un poco brujas. Por cierto, no te preocupes si notas algo raro por las noches. Por este bloque han pasado muchas vidas, hija. Buenas y malas. Y con el embarazo estarás más sensible a ese tipo de energías. ¿Te quedan cigarrillos?

SUSANA. Voy a ver.

SUSANA *encuentra un cigarrillo perdido en un bolso. Se lo ofrece y le da fuego.*

VECINA. Yo sé lo que tú piensas. Tú piensas que una vieja chocha como yo no debería fumar. Sí lo piensas, claro que lo piensas. Todas juzgamos, niña. No hay nada de malo. Peor es negarlo. ¡Quítate esa cara de susto, coño! Que estoy de broma. ¿Estás bien, hija? ¿Te he asustado? Perdona a esta vieja, hija mía. Una pasa tanto tiempo sola que ya no sabe ni bromear.

SUSANA. Estoy bien, le estaba dando vueltas a lo del... ¿Podría fumar en la ventana?

VECINA. Claro, hija mía. No le des más vueltas. No os habrán dicho nada para que no os acojonéis y os vayáis. ¿Veníais por trabajo, verdad? ¿De qué curráis?

SUSANA. Yo estudio oposiciones de primaria.

VECINA. ¡Profesora! Qué maravilla. Lástima que haya tan pocos críos españoles por aquí. Mi amiga Chari vivía en la calle de aquí al lado y se traía a los niños a mi casa.

SUSANA. Podría decirle que se pasara por aquí un día.

VECINA. Perdí el contacto con ella. Se mudó a un pueblo porque le salía más rentable. ¿Y tu marido?

SUSANA. ¿Mi marido?

VECINA. Mateo, ¿no es?

SUSANA. Ah, no, no. Todavía somos pareja.

VECINA. Ah, perdona. Pensaba que con la niña... Pero mejor así, eh. Que los maridos son un coñazo.

SUSANA. No hay problema. ¿Qué pasa con Mateo?

VECINA. ¿Que de qué trabaja?

SUSANA. Es... es profesor, también.

VECINA. ¿Está en un cole por aquí cerca?

SUSANA. Sí, en el de ahí abajo. Que hace esquina.

VECINA. Qué bien, hija. Entonces, os quedáis, ¿no? No estáis de paso.

SUSANA. No sabemos. Queremos mirar otros pisos. Por el... la niña, más que nada. Me preocupan las humedades, y las condiciones en las que está el edificio.

VECINA. Ninguno de los dos hemos envejecido bien. Yo me crié aquí, cuando el bloque estaba prácticamente nuevo. Y ahora esos cabrones están deseando largarme para rehacerlo entero.

SUSANA. Perdone que me entrometa pero, ¿no prefiere usted irse a un piso más seguro? Este bloque puede ser un peligro para usted y su madre.

VECINA. ¿A dónde me voy? Si no tengo dónde caerme muerta.

SUSANA. Podría usted hablar con/

VECINA. ¡Si alguno de esos hijos de puta se me acerca lo tiro por las escaleras. Y si me quieren sacar de aquí me tendrán que sacar arrastrá. ¡Coño ya! Que se creen que pueden menearme de allá para acá como si fuera un trapo. Todo el día rondando a ver si huelo a muerta o si se me va la cabeza del tó. ¡Panda de buitres!

Silencio. La VECINA *empieza a llorar como una niña que se agarra del vestido de su madre el primer día de colegio.*

VECINA. No me quiero ir, mamá. No me quiero ir. No me quiero ir mamá. Ay, Dios mío. Ay, mamá, mamá, mamá. No me quiero ir. Dios mío, no me quiero ir, no me quiero ir.

SUSANA. Tranquilícese, Pilar. Tranquila. No se tiene que ir a ningún lado. Voy a traerle agua. Respire.

SUSANA *va a la cocina.*

VECINA. *(Mirando de pronto a la puerta).* ¿Mamá?

La VECINA *se levanta y se limpia la cara rápido, como si le comieran el miedo y la vergüenza.*

SUSANA. *(Volviendo de la cocina).* Aquí tiene. ¿A dónde va?
VECINA. Me voy ya, hija mía. Disculpa las molestias. Mi madre está llorando. ¿La escuchas? Me voy ya para que no arme más jaleo.
SUSANA. Yo no la escucho, Pilar. Siéntese y respire un momento.
VECINA. ¡No! No. Discúlpame. Nos vemos, Susana. Cuida bien de la niña.

La VECINA *sale.*

SUSANA *recoge, de forma calmada y como si reflexionara cada paso, las tazas de café y el cenicero.*

IV

Por la noche. MATEO *da todo lo que tiene en su bicicleta estática.* SUSANA *se mide la tensión con un tensiómetro digital. El ruido de las tuberías marca el ritmo de la rutina.*

MATEO. Uf, ah... ¡vamos! Últimos dos minutos. ¡Vamos!

SUSANA *toma notas, cierra el cuaderno y guarda el tensiómetro.*

MATEO. Buah, sí joder. ¡Vamos, vamos, vamos!

SUSANA *va al sofá, con un plato con queso cortado. Pone la televisión*

MATEO. Tres, dos, uno... listo. veinticinco kilómetros. ¿Has visto, cariño?
SUSANA. Muy bien, cariño.
MATEO. ¿Qué tal? ¿Has podido estudiar?
SUSANA. No mucho. Esta me tiene agotada.
MATEO. O este. ¿Verdad que sí? Portate bien con mamá. Ya te queda poquito para dar pataítas, ¿eh campeón? *(Va a besarle la barriga, pero* SUSANA *se aparta).*
SUSANA. Necesito espacio, Mateo.
MATEO. Vale. ¿Cómo tienes la tensión?
SUSANA. 135 la alta y 85 la baja.
MATEO. Te tienes que relajar, cariño. El médico te dijo hace nada que estabas como un toro.
SUSANA. Las oposiciones son en un mes.
MATEO. Pues en vez de estresarte ponte a estudiar. No te sirve de nada agobiarte mientras te metes cien gramos de queso curado entre pecho y espalda.
Perdón, cariño. Entiendo que tengas hambre, pero sabes lo que digo siempre: agobiarse es un vicio. Para conseguir cosas en la

vida hay que coger del cuello al agobio y decirle eh, chitón. ¿Te hago una ensalada para cenar?

SUSANA. ¿Le preguntaste a Vittorio acerca de los inquilinos anteriores?

MATEO. Hemos hablado por encima, hemos tenido una reunión muy larga hoy. Se me olvidó llevarles el patito ¿Viste el post-it?

SUSANA. Sí.

MATEO. Otro día se lo llevo, te lo prometo. ¿Cómo se llamaba? ¿Super Cuac?

SUSANA. Esta mañana me visitó Pilar. Nos tomamos un café aquí.

MATEO. ¿Qué Pilar?

SUSANA. La vecina.

MATEO. Ah, ¿sí?

SUSANA. Vino a presentarse. Es verdad que no estaba muy bien pero se la ve muy buena persona.

MATEO. Hay gente que parece que está bien y de repente te enteras que ha matado a su hijo o a su vecino.

SUSANA. ¿Qué dices, Mateo?

MATEO. Que esa señora es un peligro, Susana. Y no sé por qué coño la metes aquí.

SUSANA. ¿Cómo?

MATEO. Esta también es mi casa, no sé cómo se te ocurre meter a esa vieja sin... no sé.

SUSANA. ¿Pedirte permiso?

MATEO. No te digo que me tengas que pedir permiso, pero joder, Susana.

SUSANA. Mateo, que es una señora.

MATEO. Una señora que podría habernos atracado, o haberte hecho algo o yo qué sé.

SUSANA. ¿Pero qué coño dices?

MATEO. Lo hemos estado hablando hoy en la reunión. Cuando empezaron las remodelaciones en septiembre esa señora empezó a gritarles a todos todo el rato, a amenazarlos, a romperles bolsas de basura por las escaleras... ¡Es una psicótica, Susana!

SUSANA. ¿Y no te podrían haber dicho nada hasta ahora? ¿Tampoco te dijeron que habían metido a una familia de yonkis aquí para echarla? ¡Normal que se ponga a gritar si le estaban reventando el piso!

MATEO. ¿Yonkis? Era una familia que no tenía para llegar a fin de mes, con tres hijos y cobrando paro. Los trasladamos a este piso temporalmente mientras esperaban a que les dieran una VPO. Lo mismo que queríamos hacer con la vecina. Liona es una inmobiliaria sostenible, Susana. Pero Liona no puede hacerse cargo de/

SUSANA. ¡Que le inundaron el piso, Mateo!

MATEO. ¿Que le inundaron el piso cómo? ¿Tú has entrado en su piso acaso? ¿Cómo sabes que no te está mintiendo?

SUSANA. Sabía que el baño estaba roto. Y me contó que lo habían arreglado porque los niños de la familia esa habían hecho una piscina en el suelo del baño.

MATEO. ¿En el baño? ¿De verdad? ¿Pero tú escuchas lo que estás diciendo? Sabría que nos lo habían arreglado porque el suelo se ve perfectamente nuevo.

SUSANA. No entró al baño.

MATEO. ¡Pues lo vería al entrar en el piso, Susana! ¡Joder! ¡Que parece que no piensas!

SUSANA. ¡No me grites!

Silencio.

MATEO. Deberías estar apoyándome. Al menos aquí tienes un sitio para estudiar.

SUSANA. ¿Te doy las gracias por no dejarme durmiendo en la calle?

MATEO. Yo no he dicho eso.

SUSANA. ¿Entonces qué?

MATEO. Te estoy pidiendo un mínimo de apoyo. Me paso el día quemado trabajando y lo único que consigo cuando termina el día, cuando llega nuestro momento de estar juntos, de querernos, de tener un momento de cercanía, son caras largas. Y me cansa.

SUSANA. ¡Perdóname por no agradecerte estar criando a nuestra hija preocupada por si piso una jeringuilla, o por no querer pasarme la noche vomitando porque el bloque huele a muerto!

MATEO. ¡El piso está impecable, Susana! Y no has querido dormir conmigo ni una noche desde que llegamos.

SUSANA. ¡Porque huele fatal! ¿Tú no lo hueles? ¿Que ni cerrando la ventana se puede dormir?

MATEO. Será un problema de cañerías. O vete tú a saber, quizá tu encantadora vecina tenga Diógenes también y tenga el cuarto lleno de basura. ¿Eso no se te ha ocurrido?

SUSANA. ¡Me da igual lo que sea, Mateo!

MATEO. ¡Yo puedo dormir perfectamente! Estarás hipersensible por/

SUSANA. Ah, ¿ahora yo también estoy loca?

MATEO. Deja de poner palabras en mi boca, Susana.

Silencio.

MATEO. No entiendo qué tienes en contra de Liona.

SUSANA. No tengo nada en contra.

MATEO. No te fías de nada de lo que hacemos.

SUSANA. No me parece trigo limpio.

MATEO. Pues no lo entiendo, Susana. No sé qué más podemos... puedo hacer para demostrártelo. Nos esforzamos por hacer proyectos sostenibles. Trabajamos con el Ayuntamiento para la recuperación de zonas que si no fuera por nosotros estarían en ruinas. ¿No ves que cada vez hay menos violencia en los barrios? Y menos drogas. Estamos construyendo viviendas dignas, Susana.¿Eso tampoco te parece bien?

SUSANA. ¿A qué precio?

MATEO. Los precios son asequibles, Susana.

SUSANA. No te hagas el tonto.

MATEO. Es que no somos VPO's, Susana, a ver si te enteras. Cualquiera se los puede costear con un poquito de esfuerzo. Y la vecina se lo ha buscado. Si con una renta que no llega a 200 pavos al mes te niegas a pagar y a dialogar, lo menos es que se tomen medidas legales.

SUSANA. ¿A qué te refieres?

MATEO. Pensaba que habías hablado de eso con la vecina.

SUSANA. No.

MATEO. Es complicado. No puedo contarte todavía.

SUSANA. ¿Qué mierda dices, Mateo?

MATEO. Perdona, cariño. Creo que es mejor que lo hablemos en otro momento.

SUSANA. Dímelo.

MATEO. Susana, escucha/

SUSANA. Que me lo digas.

MATEO. Vale, pero respira. Ya tienes la tensión alta, la ansiedad no te viene/

SUSANA. ¡Que me digas qué mierda pasa!

Silencio.

MATEO. La vecina está denunciada por impago desde hace medio año. *(Acelerando la voz para darle la noticia en el menor tiempo posible).* Hemos intentado negociar con ella y darle opciones, pero cada vez que se ha acercado alguien les ha amenazado. Incluso yo le he propuesto a Vi...Susana, respira. Tranquila. ¿Susana? Vale, ven, ven. Escúchame. Escúchame, Susana. Mírame. Siéntate y respira conmigo. Respira en 10. 1,2,3... Así. Aguanta y suelta. Otra vez.

SUSANA. *(Con gran dificultad para hablar y respirar).* ¡Déjame! Sois... No me toques.

MATEO. Susana, respira, déjame explicarte.

SUSANA. ¡Que me sueltes! *(Casi ahogada).* Deja... déjame...

MATEO. Cuando salga trataremos de darle ayuda psicológica. Haremos lo que sea por/

SUSANA. Cuando salga...

MATEO. Respira, por favor.

SUSANA y MATEO *se quedan en el sofá, esperando a que la tormenta amaine. Solo se escuchan polillas.*

03:32

SUSANA *se levanta del sofá, insomne.*

273 ovejas contadas.

La misma imagen de su madre corona la madrugada.

Se pasea los seis metros cuadrados del piso, comprobando que no sean menos.

Enciende el televisor.

En la tele hablan de cartas y futuro.

Se escucha un graznido que viene del interior del baño. El grazni-do se repite, aumentando la intensidad. A su vez, tañidos de cam-pana perforan todas las ventanas del hogar. Susana queda de pie, somnolienta, frente a la puerta del baño. A las puertas de la calle Calatrava, se abre el segundo azahar.

V

Una semana más tarde, por la noche, MATEO *termina de preparar la mesa.* SUSANA *se viste mientras habla por teléfono.* MATEO *está vestido con camisa blanca y vaqueros y muy bien peinado.* SUSANA *lleva una camisa de flores y unos pantalones arreglados cualquiera. Como si de la gloriosa ceremonia de recibimiento a los generales de una guerra se tratase,* MATEO *prepara el piso para la cena con* VITTORIO, *que está a punto de llegar.* SUSANA *acaba de colgar.*

MATEO. ¿Qué dice tu hermana?

SUSANA. No he podido hablar con ella del tema. Estaba con un sofocón enorme. No saben qué hacer con Luna.

MATEO. Esa perra está mayor, ¿no?

SUSANA. Tiene catorce años. Y el tumor es cada vez más grande, pero no se lo pueden operar.

MATEO. Imagino que la operación es peligrosa.

SUSANA. Y que no la pueden pagar.

MATEO. Una perra tan mayor es un saco roto. Me da mucha pena, pero creo que la deberían dormir.

SUSANA. Yo no podría.

MATEO. Todo lo que gasten en ella es inútil. La perra va a seguir sufriendo. Mejor que muera feliz.

SUSANA. Supongo. ¿Cuándo venía?

MATEO. Tiene que estar al llegar.

SUSANA. No sé por qué viene a comer aquí.

MATEO. Él insistió. A mí tampoco se me habría ocurrido invitarlo a cenar aquí, pero él quería saber cómo vivimos.

SUSANA. ¿Cómo vivimos?

MATEO. Es esencial para un agente inmobiliario saber cómo vive la gente de su alrededor: dónde coloca la tostadora, cómo ordena el salón, qué objetos decorativos se roban el protagonismo.

SUSANA. ¿Eso te dijo él?

MATEO. En parte.
SUSANA. Tenemos el salón vacío.
MATEO. Valoramos la sencillez.
SUSANA. ¿Nosotros?
MATEO. En Liona.

Silencio.

SUSANA. Creo que me iré a dormir pronto, si no os importa.
MATEO. No, no, cariño, quédate. Si Vittorio viene a conocerte.

Silencio. Las tuberías se despiertan.

MATEO. Hoy es un día importante. Ya no hay esta cercanía entre jefes y trabajadores. Esta cena es clave, Susana. Todo depende de esta cena. Ya casi me lo he ganado, ¿sabes? Soy de sus mejores empleados. Me queda muy poco para llegar a nivel cuatro. Y todo depende de él. Quédate lo que puedas, cariño. Nos tenemos el uno al otro. Y eso a Vittorio le va a encantar. Va a ver que somos una pareja estable, que somos jóvenes con cabeza. Ven, cariño *(SUSANA va a la cocina)*. Hoy estás preciosa. Eres lo más bonito de esta casa. Y del mundo entero.

El timbre interrumpe el discurso de MATEO *y el rugir de las paredes. Las paredes se amansan como las bestias que son. Inmediatamente,* MATEO *le abre la puerta a*

VITTORIO. ¡Buenas noches, familia!
MATEO. ¡Buenas noches, Vittorio! Ella es Susana, mi pareja.
SUSANA. Encantada.
VITTORIO. Buenas, Susana. *(A MATEO)*. ¿Desde cuándo tienes a una mujer tan espectacular contigo? *(A SUSANA)*. Con todo el respeto, eh. Mateo no suelta prenda. Siempre trabajar, trabajar, trabajar, pero nunca cuenta nada. ¿A que sí, Mateo?

MATEO. Sí, Vittorio, disculpa. Es que con todo el jaleo/

VITTORIO. Nada, nada, Mateo. Las culpas y las disculpas para la...

MATEO. Para la Iglesia.

VITTORIO. Para la Iglesia, exacto. Y para las religiones. Nosotros hacemos y agradecemos. Culpa ninguna, ¿eh? Que los lamentos no nos llevan a ningún lado. Con todo el respeto, Susana. ¿Eres creyente?

SUSANA. Soy atea. ¿Usted?

VITTORIO. Ah, no, no. No me creo sabedor de nada. Si fuera físico o astrónomo, quizá. Pero, en mi opinión, decir tajantemente que Dios existe o que no existe es una majadería. Hay que ser humilde en el conocimiento. Los que blindan sus ideas son borregos, tanto de un lado como de otro.

SUSANA. No creo que todo sea tan relativo.

VITTORIO. Ah, ¿no?

MATEO. A ver, Susana, todo no, pero Vittorio se refiere a/

VITTORIO. ¿Por qué no nos sentamos?

SUSANA *y* VITTORIO *se sientan en la mesa, enfrentados. Mientras,* MATEO *trae tres platos de presa ibérica y una bandeja con gambones. Justo después, sirve dos copas de vino y una con agua para* SUSANA. MATEO *se sienta en medio, y vigila que sus comensales disfruten del festín.*

VITTORIO. ¿A quién de los dos tengo que felicitar? Tiene todo una pinta increíble.

MATEO. Pues espero que a mí. He querido esmerarme en esta cena. Ella es mucho mejor cocinera que yo, pero se hace lo que se puede.

VITTORIO. Estoy seguro de que sí. *(De nuevo, a* SUSANA*).* Me ha dicho Mateo que estás opositando. ¿Es tan duro como dicen?

SUSANA. Supongo que sí, pero me lo estoy tomando con calma.

MATEO. Intentamos evitar el estrés, no queremos que las prisas afecten al embarazo. Sobre todo por ella, que tiene que po-

nerse fuerte para el parto. Los Gutiérrez tenemos fama de venir dando guerra. Mi hermano nació pesando cuatro kilos seiscientos, y mi madre se pasó cuarenta y ocho horas pariendo.
Y lo mismo conmigo eh, la pobre tuvo que aguantar como paría a dos espartanos.

VITTORIO. ¡No me digas! ¿Y qué te pasó después?

MATEO. Pues...

VITTORIO. ¡Es broma, hombre! Parece que no me conoces ya. Yo solo te digo que deberías comer más. Tú ya haces lo que quieras. *(A SUSANA)*. Ya te lo habrá dicho Mateo porque soy muy pesado, pero trato de ser como un padre con mis empleados. A mí la distancia entre jefe y trabajador nunca me ha gustado, me parece muy fría y que siempre trae mal rollo. Además, que la mayoría de jefes siempre pasan tres kilos de su equipo. ¿O no? Y luego se preguntan por qué le responden mal, o les mienten a escondidas, o les ponen motes. Claro, ¡si es que eres un cabrón! ¿Cómo vas a esperar que te traten?

SUSANA. Habrá quien prefiera mantener distancia.

VITTORIO. Ah no, pero yo con gente así no trabajo. Pero sabes por qué, ¿no? Porque no es lo que yo ofrezco. Yo pongo entusiasmo en lo que hago. Y el mismo entusiasmo es el que yo pido. En Liona ofrecemos una carrera profesional, pero también una realización vital. Y claro, para eso hace falta dar el cien por cien, y quien no entienda eso y quiera ir por la vida de paso, tiene la puerta abierta. Mi filosofía es la de agarrar el trabajo como agarro la vida. Y eso hay mucha gente que no lo entiende. *(A MATEO)* ¿Qué buen vino, dónde lo has conseguido?

MATEO. Es de la bodega del padre de un amigo.

VITTORIO. Dale mi absoluta enhorabuena.

MATEO. Susana sabe mucho de vinos, también. Su padre tenía una bodega.

VITTORIO. Con todo el respeto a tu padre, debe ser también amante de su profesión. ¿Me equivoco?

SUSANA. Lo era.

VITTORIO. Que en paz descanse. ¿Y has heredado la pasión?

SUSANA. Me temo que no.

VITTORIO. Una lástima. Es una profesión muy honrada la del vino. Mi padre los llamaba artesanos de la uva. Yo también trato de ser artesano.

SUSANA. ¿En qué sentido?

VITTORIO. Todos somos artesanos en Liona.

SUSANA. ¿Artesanos?

MATEO. Susana, te lo expliqué el otro día.

SUSANA. No me acuerdo.

VITTORIO. Liona no se ha convertido en una empresa líder por vender más. Liona es lo que es porque tratamos todas nuestras gestiones como si se tratara de joyas muy finas. No se nos puede olvidar que estamos creando experiencias. Trabajamos con vidas en nuestras manos. Podríamos traer muchos más turistas y darles experiencias mediocres, ganar el dinero y olvidarnos, pero esa no es la filosofía de Liona. Liona regala recuerdos, y esos recuerdos no pueden pasar por las manos de un bruto que solo quiere ganar y ganar, tienen que pasar por las manos minuciosas y delicadas de un artesano, que ponga toda la pasión en lo que hace.

MATEO. Más que un mentor, es usted un maestro, don Vittorio.

MATEO *llena la copa de vino de* VITTORIO.

VITTORIO. Gracias, Mateo. En Liona queremos que os sintáis parte de una gran familia. Por cierto, Susana, tutéame sin miedo. Y no dudes en preguntarme todo lo que se te pase por la cabeza, si hay algo que te pueda inquietar.

SUSANA. ¿Por qué comprasteis este bloque?

VITTORIO. No compramos el bloque, fuimos adquiriendo propiedades a medida que los propietarios las fueron poniendo en venta.

SUSANA. El bloque está en ruinas y la zona es peligrosa.

MATEO. No me parece que la zona sea peligrosa, Susana. No hemos tenido problemas con nadie desde que llegamos aquí.

SUSANA. *(A VITTORIO).* ¿Sabe usted lo del atraco? Hace un mes le destrozaron la casa de la vecina.

MATEO. Cariño, vete tú a saber. A lo mejor la destrozó ella sola en un brote que le dió.

VITTORIO. Susana tiene razón en que el bloque no está en las mejores condiciones, pero precisamente por eso queremos rehabilitarlo. En cuanto podamos meterle mano, lo dejaremos como nuevo y en las condiciones dignas que se merece. Con respecto a Pilar, soy el primero que lamenta su caso. No hay forma de hacerla entrar en razón. Y Susana, te prometo que lo hemos intentado a todas horas del día, por si la pillábamos más calmada. Pero nada. Según tengo entendido, su marido fue un hombre conflictivo. Puede que estuvieran metidos en problemas con gente chunga. Gente mala, ya sabes. Tampoco podemos meternos ahí.

Como el coloso moribundo que, en su último suspiro, avisa de la llegada de la catástrofe, las tuberías truenan durante un par de segundos.

MATEO. Susana sabe que estamos haciendo todo lo que podemos.

VITTORIO. *(A SUSANA).* Es normal que te preocupe, y si pudiéramos seguiríamos buscando soluciones. Pero esta vez nos va a costar mucho ahorrar para poder empezar las obras, y esperar más podría llegar a ser peligroso en estas condiciones. Y ya sabes que este piso os lo está pagando la empresa. Un piso hoy en día en plena calle Calatrava no es cualquier cosa. Es cierto que hay ruido, porque es una zona con mucha vida. Pero nada más salir tienes a la izquierda la salida al río, y a la derecha la entrada a la Alameda. Estáis... este piso está prácticamente en el centro. Vuestro piso y el de la vecina son estancias de gran valor para Liona, y todavía no le estamos sacando partido.

SUSANA. Por eso necesitáis que la vecina se muera.

Silencio.

MATEO. Susana, ¿podemos hablar un momento?

VITTORIO. Mateo, tranquilo. Entendemos que cualquiera pueda tener dudas que tenemos que resolver, ¿verdad?

MATEO. Sí, don Vittorio.

VITTORIO. No agaches la cabeza. Susana, ¿cómo crees que podríamos ayudar a esa señora?

SUSANA. Llamando a servicios sociales. Si es un peligro para ella misma y para su madre deberían poder ayudar.

VITTORIO. Ya consultamos esa opción. Nos dijeron que lo único que podíamos hacer era efectuar el desahucio para que las fuerzas de seguridad seencargaran de gestionarlo. Otra opción era llamar a la policía en cuanto esta mujer acosara a nuestros trabajadores, pero hemos tratado de evitar la violencia para perjudicarla lo menos posible.

SUSANA. No creo que los servicios sociales solo puedan dar esa solución.

VITTORIO. Es una lástima, pero es así. De todas formas, si se te ocurre cualquier otra solución no dudes en contactarme, Mateo puede darte mi Whatsapp. Liona estaría encantada de tenerte. ¿Os importa que empiece con los gambones?

MATEO. ¡Claro que no!

VITTORIO. Gracias, compañero. Susana, me gustaría saber qué piensas de Liona.

SUSANA. Pienso que una inmobiliaria debe saber lo que hace, y que precisamente por eso debería preocuparse de las consecuencias de sus actos y de sobre quiénes podrían recaer.

VITTORIO. Hace un mes, Liona le ofreció a Pilar una suma de cien mil euros por el traslado a un piso en Los Remedios. Un piso con unas condiciones de vida impecables. Por desgracia, sabes que le faltó poco para echarnos a patadas. Hay personas con las que no se puede dialogar, Susana. En esta profesión, sabemos lo que es eso de primera mano.

SUSANA. Siento decirle que yo habría hecho lo mismo si me intentaran echar de mi casa.

Como si apoyara la sugerencia de SUSANA, un aullido de lamento llega desde el segundo piso.

VITTORIO. Soy el primero que lamenta que un inquilino sufra así, pero los tiempos cambian, la ciudad también. Hay barrios que están mejorando en calidad, y en algunos casos se encarecen.

SUSANA. Tiene derecho a querer cuidar de su madre ella misma.

VITTORIO. Y el deber de saber en qué posición está.

Como si se enfrentara a VITTORIO, el aullido se convierte en desgarro.

VITTORIO. Mateo, ¿podrías abrir la ventana?

SUSANA. No, por favor, la peste nos va a arruinar la cena.

VITTORIO. Mateo me lo ha mencionado, me gustaría saber cómo viven mis inquilinos.

SUSANA. Entiendo tu filosofía, pero por favor, es nauseabundo.

MATEO. Por mí no hay problema.

VITTORIO. No te preocupes, compañero.

SUSANA. Si me lo permite, es la primera vez que veo a alguien chuparle las cabezas a las gambas.

VITTORIO. Mis padres me enseñaron a comer de todo. Es lo que pasa cuando vives con siete hermanos y a tus padres les cuesta traer una barra de pan a la mesa. Pero, al final, es lo natural, ¿no? En la naturaleza se aprovecha todo. Lo que no puede comer uno, es el festín del otro.

Susana, ¿cuándo te apetecería empezar a trabajar? Imagino que después de ser madre.

SUSANA. Nada más me saque las oposiciones.

VITTORIO. ¿Te ves lista para empezar antes?

SUSANA. ¿A qué se refiere?

VITTORIO. El director del colegio Buen Pastor es íntimo amigo mío. Trabajar en una institución así entiendo que estaría en sus antípodas ideológicas, pero déjeme decirle que allí se respeta a todo el mundo por igual y, sobre todo, se puede entrar sin opositar.

SUSANA. Es muy amable, don Vittorio.

VITTORIO. Llámame Vittorio. Insisto en que puedes tutearme.

Un aullido más se mezcla con el rugir de las paredes, y todo el bloque tiembla como el estómago de una estrella que está a punto de estallar, arrasando con todo a su paso.

03:33

SUSANA *se levanta del sofá, insomne.*

Ha dejado de contar ovejas cuando llegó a mil.

Ha enumerado ochenta y siete respiraciones profundas.

Ha recordado la imagen de su madre, enfadada porque no quería levantarse para ir al cole. Ha deseado que todo fuera un sueño, pero mamá no viene a despertarla.

SUSANA *recuenta tres veces los seis metros cuadrados del piso. Está segura de que son menos.*

Enciende el televisor.

En la tele hablan de amor y fortuna.

Se escucha un graznido que viene del interior del baño. El graznido se repite, aumentando la intensidad. Tañidos de luto perforan todas las ventanas del edificio.

Susana queda de pie, somnolienta, descubriendo una gran cabeza de pato de goma a la entrada del baño.

A las puertas de la calle Calatrava, se abre el tercer azahar.

VI

En la puerta del segundo piso, por la mañana, la VECINA *limpia la entrada de su casa. Usa productos químicos fuertes y limpia con las manos desnudas y mucha ansiedad.* SUSANA *entra en el bloque con ropa de deporte. Los azahares de Sevilla siguen cerrados.*

SUSANA. Buenos días, Pilar. ¿Te puedo pisar por aquí?
VECINA. *(Sin dirigirle la mirada).* Sí hija, no te preocupes.
SUSANA. ¿Ha pasado algo?
VECINA. ¿Qué, hija?
SUSANA. Que si está usted bien.
VECINA. Sí, hija.
SUSANA. Debería ponerse algo para las manos. Tengo guantes en casa.
VECINA. No te preocupes, cariño. Llevo toda la vida de fregona, no me va a pasar nada.
SUSANA. Pensaba que venía una chica a limpiar el bloque.
VECINA. Esa chiquilla no tiene idea de limpiar. Y no puedo dejar la puerta hecha un asco.
SUSANA. Entiendo.
VECINA. Da mal bajío que te pisen una entrada sucia. No, no, no puedo dejar la entrada así.
Tiene que estar impecable.
SUSANA. Pero se va a hacer daño, Pilar. Déjeme que la ayude.
VECINA. No, no, muchas gracias, hija. Pero tengo que limpiarla sola.
SUSANA. Entiendo que quiera hacerlo a su manera, pero usted me dice lo que necesita y yo lo hago.
VECINA. No es por eso hija. *(Sigue sin mirarle).* Ven, acércate.
SUSANA. Dígame.
VECINA. *(Susurrando).* He soñado con Él.
SUSANA. ¿Con quién?
VECINA. Con Jesús, hija mía. Mañana va a venir a vernos.

SUSANA. ¿Y por eso tiene que limpiar la puerta?

VECINA. Claro que sí, tiene que estar inmaculada. Mi casa debe estar inmaculada.

SUSANA. Es usted buena, Pilar. Estoy segura de que Jesús no quiere que se dañe las manos.

VECINA. No seas idiota, hija mía. Claro que no quiere. Pero yo me hundo las llagas por él, para comprender su dolor. Jesús vendrá a comprender mi dolor. Y yo, como madre, lo acunaré en mis manos doloridas. Porque una madre siempre duele las penas de sus hijos. Y yo sangraré las llagas de Cristo y con mi dolor le curaré las heridas.

SUSANA. Pilar, venga un momento conmigo, vamos a tomar el aire. Aquí se está acumulando mucho químico.

VECINA. Estoy bien, hija mía. Mañana será un gran día. Estoy muy feliz.

SUSANA. No debería limpiarse la cara con productos tan fuertes.

VECINA. Mi pena es impura. No tengo ningún motivo para llorar. No soy más que una mota de polvo. Soy una manzana podrida.

SUSANA. Pilar, por favor, escúcheme.

VECINA. Soñé que mi casa se llenaba de lombrices. De lombrices hambrientas. Soñé que se daban un festín. Que venían como una manada de lobos, atraídas por el olor de la carne muerta. Soñé que yo, que me quedé infértil de niña, paría un muñeco de barro.

SUSANA. Quizá esté teniendo pesadillas por el estrés. ¿Por qué no me deja cuidar de su madre y se va usted a pasear?

VECINA. Mi madre ya es una santa.

SUSANA. Usted sabe que no pretendo hacerle ningún daño.

VECINA. No necesito que nadie me proteja, hija mía. Para cuando llegue la Canina, a diferencia de ustedes, yo tendré la casa limpia.

SUSANA. Entiendo. Tenga cuidado, Pilar.

VECINA. ¿Sabes por qué vendrá Jesús a mi casa?

SUSANA. Dígame.

VECINA. Eres idiota. Como todas las mujeres.

SUSANA. Hasta mañana, Pilar.

VECINA. ¿Sabes cuál fue el único pecado que cometió Jesús?

SUSANA. Disculpe, pero no/

VECINA. Jesús hizo llorar a su madre. Jesús dejó que lo mataran por egoísmo. Por el de él y el de Dios Padre, que era él mismo. Nunca le preguntó a su madre. Las mujeres lloramos las heridas de los hombres, de nuestros maridos y nuestros niños. Las mujeres cargamos las ideas estúpidas de los hombres.

SUSANA. ¿Y por eso viene a verla?

VECINA. Pues claro, para llorar. Para llorar y cumplir su verdadera penitencia. Jesús nunca vio llorar a su madre. Mañana me convertiré en la madre de Jesús, y le tendré la casa limpia.

SUSANA. Me parece bien, Pilar. Pero váyase a descansar cuando pueda, haga el favor. Me pondría muy triste si le pasara algo. Es usted la vecina más importante del bloque.

VECINA. Eres la única tonta que lo cree.

SUSANA. No diga eso.

VECINA. Ven aquí.

SUSANA *se acerca de nuevo y la* VECINA *le mira a la cara por primera vez. De pronto, como si viera a un ángel, la* VECINA *se serena, se le saltan las lágrimas y deja de limpiar.*

VECINA. Lo siento mucho, Susana.

SUSANA. No pasa nada.

VECINA. Lamento que Él te haya encomendado esta misión.

SUSANA. ¿Qué misión?

La VECINA *hunde la mano derecha, desnuda y herida, en el cubo de lejía, aguantándose el dolor.*

SUSANA. ¡Pilar!

La VECINA *posa su mano en el vientre al aire de* SUSANA.

VECINA. Es un lugar frío. Ella está en un lugar frío. Déjeme que/

SUSANA *se echa atrás asustada, frente a la serenidad de alguien que se sabe parte del universo y de las leyes que lo rigen.*

SUSANA. Cuídese, Pilar.
VECINA. ¿Va a dejarla morir así?
SUSANA. No se acerque.

De pronto, aparece MATEO, *subiendo las escaleras con el traje azul oscuro y la corbata naranja butano. La* VECINA, *al verlo, se levanta con la rabia de un animal temeroso.*

VECINA. ¡HIJOS DE PUTA! ¡ASESINOS!
MATEO. Susana, ¿estás bien?
SUSANA. Mateo, tranquilo. Pilar, escúcheme.
VECINA. ¡MENTIROSA! ¡MALDITA PUTA! ¡MAL HONGO SE LLEVE A TU CRÍA Y TE PUDRAS CON ELLA!

MATEO *corre a proteger a* SUSANA, *y la* VECINA *tira el cubo de lejía a la cara de* MATEO, *lo que provoca que este caiga por las escaleras.*

SUSANA. ¡MATEO!

VII

De noche, MATEO *con un brazo escayolado y* SUSANA *discuten.*

MATEO. ¿Qué te dijo?
SUSANA. Mateo, pide la baja.
MATEO. Responde.
SUSANA. No aguanto más, Mateo.
MATEO. Lo sé, cariño, pero necesito que me cuentes qué te dijo.
SUSANA. Me estoy mareando.
MATEO. *(Sin pausar una sola coma).* Susana sé que estás agobiada. Yo también estoy agobiado y estoy hasta los cojones de esta situación, pero no vamos a solucionar nada si seguimos protegiendo a una persona que claramente nos pone en peligro a ti y a mí.
SUSANA. Cállate. Cállate un solo segundo, por favor te lo pido. Silencio.
MATEO. ¿Qué productos usa?
SUSANA. ¿Qué?
MATEO. Para limpiar. ¿Qué productos usa?
SUSANA. No lo sé, Mateo, joder, lejía ...
MATEO. Olía peor que la lejía.
SUSANA. ¿Eres químico?
MATEO. Hablo en serio, coño.
SUSANA. Mateo, ni se te ocurra levantarme la voz.
MATEO. En mi puta casa hablo como me sale de los cojones, y si hay ¡una puta loca que pretende matar a mi hijo, le parto la cabeza si hace falta! ¿Te enteras?

SUSANA *llora.*

Silencio.

SUSANA. Vámonos, Mateo. Por favor. Vittorio lo comprenderá. Dile que es por la seguridad de nuestra hija.

MATEO. Que no, Susana, que esa mujer es un peligro para este edificio. No sabemos ni si es consciente de lo que dice o hace. Tú viste la cantidad de químicos que guarda y el peligro que tienen. ¿Y si los estaba mezclando mal? No sabemos lo que puede pasar con esa mujer suelta.

SUSANA. Fue una limpiadora.

MATEO. Una limpiadora que puede usar amoniaco puro sin guantes. ¿Viste las manos?

SUSANA. ¿Y qué? ¿Qué crees que va a hacer? Es una señora de sesenta años, sin un solo músculo sano. Cuida de una madre demente. No tiene dónde caerse muerta, Mateo.

MATEO. Me tiró un cubo de lejía a la cabeza.

SUSANA. ¡Lo sé! Lo sé. Estaba ahí. De verdad que lo sé. Mira. Vale. Es un peligro.

Pero precisamente por eso no quiero estar más aquí.

MATEO. No nos podemos ir mientras esa loca del coño siga aquí.

SUSANA. ¿Cómo?

Silencio.

MATEO. Que no, Susana. Aquí va a trabajar mucha gente, ¿no? Con las reformas. Vendrán a ver, a tomar medidas... Y yo tengo que... Me han mandado aquí a que supervise. O sea, no a eso. Pero lo tengo que hacer, joder. Tengo que cuidar de esta zona. Proteger el territorio, ¿entiendes? No puedo dejar a una loca... No sabemos qué coño puede hacer esta tía sola, Susana. Imagínate que nos quema el piso. O que le prende fuego al edificio.

SUSANA. Entiendo. Claro.

MATEO. ¿De qué te ríes?

SUSANA. Eres un mamón, Mateo. Eres un pedazo de mamón. Y estás amamonao. Las dos cosas, fíjate.

MATEO. ¿Qué dices, Susana?

SUSANA. Tú estabas en Sevilla cuando ocurrió el atraco. ¿A que sí?

MATEO. Me cago en la puta, Susana. Esa vieja te está comiendo la cabeza.

SUSANA. ¿Estabas o no estabas?

MATEO. ¡No lo sé, Susana!

SUSANA. Eres un hijo de puta.

MATEO. Estás loca. Estáis locas, las dos.

SUSANA. ¿Por qué no vais todos en familia y la sacáis a palos? Vais en grupito, os la cargáis y luego hacéis un chupi picnic de los vuestros en su piso. Y le decís a la madre que se una a la fiesta. U os la cargáis también. Tardecita de caza.

MATEO. ¡Que te calles! Cállate o te juro que/

SUSANA. ¿Que qué, eh? A ver si tienes huevos de tocarme. A ver si tienes los santos huevos de tocarme.

Silencio

SUSANA. Mira, Mateo. Te voy a decir una cosa y te la voy a decir muy clara.

MATEO. Déjame en paz.

SUSANA. O me escuchas o te juro por Dios que empiezo ahora mismo a gritar por la ventana. Te voy a decir lo que vamos a hacer. ¿Vale? Vamos a llamar a la policía. ¿De acuerdo, Mateo?

MATEO. Todavía no, Susana.

SUSANA. Vamos a llamar a la policía. Vamos a llamar y a decir que creemos que la vecina tiene animales muertos o algo. Y les decimos que está mal de la cabeza y que es un peligro para su propia madre, ¿vale? Y que las lleven a un centro psiquiátrico a las dos.

MATEO. Que no, joder, Susana, que no es tan fácil. Es muy precipitado. Vittorio dijoque no quería violencia.Y tampoco tenemos pruebas suficientes de que... Yo podría haberme caído solo por las escaleras. Y la policía lo hace todo mal, coño. Y si entran, con todo como está...

SUSANA. A la policía le suda la polla el edificio, Mateo.

MATEO. ¡Que no, Susana! Que me estoy jugando el puesto. Me estoy jugando el puto puesto y llevo mucho luchado. Que me he comido mucha mierda para llegar donde estoy, coño.

SUSANA. Tú lo que eres es un cobarde. Un cobarde y un lameculos. Mira, me importa una mierda el puro que le pueda caer a Liona. Ojalá, te juro que ojalá se hundiera la sarta de víboras para la que trabajas. Pero resulta que lo más seguro es que no pase nada. De hecho, creo que os va a venir de puta madre. Ni vosotros queréis a la vieja aquí, ni yo quiero a la vieja aquí, ni tengo donde caerme muerta. Pero yo al menos tengo un poquito de decencia y prefiero hacer las cosas bien.

MATEO. ¿Pero es que no ves que estoy haciendo todo esto por ti? Por los tres, porque pueda tener un buen sueldo y podamos estar bien, tranquilos. ¡Que me estoy buscando la vida, hostia! ¡Me la busco como puedo! Para que podamos vivir bien, para que te puedas comprar lo que te dé la gana. Para que nos llevemos al niño a Disneyland.

SUSANA. ¿Pero qué mierda hablas de Disneyland, Mateo?

MATEO. Que al menos yo trato de hacer algo para que el niño no se muera de hambre.

Silencio.

MATEO. Estamos muy tensos, amor. Estamos muy agobiados. Vamos a relajarnos, ¿vale?

SUSANA. Voy a llamar a la policía.

MATEO. Si llamas, nos echan.

SUSANA. Me da igual.

MATEO. ¿A dónde coño nos vamos a ir, Susana?

SUSANA. No me voy a ir a ningún lado contigo.

MATEO. Susana, por favor, relájate. No estás pensando con la cabeza.

SUSANA. Estoy harta, Mateo.

MATEO. Lo sé, cariño. De verdad que lo sé. Pero no va a servir de nada. Todo el estrés es un peligro para el niño. Lo sabes bien. Vamos a hacer las cosas bien, Susana.

SUSANA. No, me, toques.

MATEO. Vale, Susana.

Pausa.

SUSANA *deja el móvil en la mesa, se tumba en el sofá y se derrumba de golpe, como a quien se le derrama el café en la sala de espera de un velatorio.*

MATEO. Entiendo cómo estás. Vamos a salir lo antes posible de aquí. Vamos a vivir donde tú quieras. En un pueblo o en el centro de la ciudad. En un piso céntrico o en un chalet. Y vas a tener un escritorio enorme para que puedas estudiar todo lo que necesites. Y un buen jardín para jugar al fútbol con el peque. Y una cancha de baloncesto. Y un pastor alemán de esos que le gustaban a tu padre.

Silencio. El rugido de las tuberías anuncia la llegada de una fuerza intrusa.

SUSANA. Voy a cerrar.

MATEO. Hace un rato que cerré.

SUSANA. Algo tiene que haber abierto.

MATEO. ¿Qué?

SUSANA. Huele muy mal.

MATEO. No huelo nada.

SUSANA. Huele fatal.

MATEO. ¿A dónde vas?

SUSANA, *en el baño, empieza a vomitar.* MATEO *se queda a su lado.*

MATEO. Vamos a la cama.

SUSANA. *(Muy débil)*. No me toques. Voy a ver de dónde... *(Apenas se sostiene en pie. Trata de volver al salón)*.

MATEO. Estás agotada, amor. Vamos a descansar.

SUSANA. ¡Suéltame!

MATEO. Susana, que no descanses es peligroso para/

SUSANA. ¡Y a ti qué cojones te importa lo que es o no peligroso para el bebé! ¡Qué mierda te importa! *(Vuelve a tener arcadas)*. Deja de decirme cómo coño tengo que cuidarme. Si te importara lo más mínimo nos habrías sacado de este puto antro antes que quedarte espiando a una vieja psicótica a la que encima sabías perfectamente que iban a desahuciar.

MATEO. Vamos a la cama.

SUSANA. Vas a dejar de decirme lo que tengo que hacer. Me vas a dejar en paz, Mateo. Voy a criar a esta niña sola. Voy a criar a una niña feliz, a una niña alegre, a una niña que no esté desquiciada como su puta madre. ¡Voy a salvar a mi hija! ¡Y la voy a salvar de ti! ¡La voy a salvar de ti, la voy a salvar de mi madre y la voy a salvar de mis tías! Mi hija no va a ser una desgraciada. Mi hija no se va a ir con el primer capullo que vea. Mi hija no se va a rajar las venas. ¡Que me sueltes! Te vas a quedar solo. ¡Te vas a pudrir solo!

MATEO. Estás agotada. No eres consciente de lo que dices.

SUSANA. Me cago en tus muertos, Mateo.

MATEO. Basta ya, Susana.

SUSANA. Prefiero que venga y me lleve el diablo a pasar un solo segundo más en este piso. Que venga y me lleve con él o que se lleve esta peste a muerto.

Silencio. SUSANA *llega a duras penas al sofá, y ahí vuelve a empezar a llorar en posición fetal.*

MATEO. Vamos a la cama.

El lamento de SUSANA *es acompañado únicamente por el rugir de las tuberías.*

MATEO *desiste.*

El edificio entero llora con ella.

VIII

Y de pronto, el día.

SUSANA *despierta en el sofá, con la cara enrojecida y aún débil.*

SUSANA *se levanta, va a la cocina, se hace un café y se lo echa en una taza color amarillo ocre.*

Se escuchan, en el portal, sirenas de policía.

SUSANA *deambula por la habitación, agarrada a su café caliente con las uñas incrustadas en la porcelana. Agarra la taza como si fuera una niña asustada, que abraza a su peluche la primera noche que duerme sola.*

Se abre la puerta del portal.

SUSANA *se sienta en el sofá, enciende la televisión y sube el volumen. El número del volumen de la televisión alcanza el 100. Se escucha una serie infantil de dibujos animados. Una manada de machos cabríos suben las escaleras.*

En la serie infantil hablan del hogar y la familia.

SUSANA *aguanta la respiración.*

Un bombero avisa por walkie-talkie de que, desde la ventana, se puede ver a una mujer mayor armada.

En este mismo momento, en algún lugar del mundo, una presa vive en su madriguera sus últimos segundos.

Las yemas de los dedos de SUSANA *arden, mientras el resto del cuerpo tiembla de frío.* SUSANA *trata de no hiperventilar.*

La policía inicia el diálogo, como quien le habla a un cachorro al que le han pegado palos durante 8 años de su vida, 56 en edad canina.

En algún lugar del mundo, un depredador olisquea cerca de una madriguera. Todas las tuberías de todos los bloques de pisos de la Alameda laten al unísono. En la serie infantil, hablan de las mamás y las abuelas.

SUSANA *lanza el primer jadeo.*

La vecina gañe amenazas de disparos.

En algún lugar del mundo, una presa enseña los dientes.

Una guerra civil se establece en la frecuencia de onda de dos walkie-talkies. Bomberos llaman a la paciencia. Policías llaman a la acción.

En algún lugar del universo, alguien llama a las puertas de Dios. Nadie contesta.

SUSANA *lanza el segundo jadeo.*

La policía da un ultimátum a la vecina para que abra la puerta. Las tuberías laten más y más deprisa.

En la serie infantil hablan de dentro y fuera.

En algún lugar del mundo, un depredador introduce sus garras en la entrada de la madriguera.

Se escuchan cristales rotos.

SUSANA *empieza a hiperventilar.*

Una perra vieja se esconde el rabo en la sala de espera de un veterinario. La presa trata de espantar al depredador.

La vecina ruega por su vida y amenaza de muerte.

SUSANA *no deja de hiperventilar.*

El depredador introduce su garra en la madriguera. Cinco policías entran por la ventana.

El depredador mete el hocico en la madriguera. Cuatro de ellos amenazan a la vecina.

Uno abre la puerta de la habitación contigua al salón, cuya ventana da a la calle, y descubre un cuerpo anciano invadido por los hongos.

La presa, al sentirse amenazada, lanza su primer mordisco. Se escucha el silbido más afilado del mundo.

Primer disparo.

La pierna de uno de los machos cabríos sangra.

SUSANA *se agarra el vientre. El depredador muerde.*

Segundo disparo.

Tercer disparo.

El depredador aprieta. Cuarto disparo.

El depredador clava.

Quinto disparo.

Un presidente llama a la paz.

...

Los walkie-talkies piden silencio y el mundo entero se calla.
El depredador camina de vuelta, con su trofeo de caza en la boca.

La serie infantil se despide hasta la semana que viene.
Una perra vieja deja de respirar en la sala de un veterinario. Todas las tuberías de la Alameda dejan de latir.
SUSANA *se retuerce en el suelo y se desgarra la voz, pero el olor de los azahares ensordece la escena.*
Los azahares aprenden a llorar.

IX

Por la mañana. SUSANA *se hace el desayuno.* MATEO *trabaja con el portátil en el salón. Cada uno está concentrado en sus tareas, y cuando uno habla, el otro tarda unos diez segundos en responder, a veces más, a veces menos. En esos momentos en los que ninguno habla, el silencio inunda la escena.*

MATEO. ¿Hoy tienes examen con los de segundo?
SUSANA. Espero que alguno se acuerde. A estos pijos les da todo igual.
MATEO. Normal. ¿Vienes para comer?
SUSANA. No creo. Tengo claustro.
MATEO. Vale.
SUSANA. ¿Vas a estar en casa?
MATEO. No lo sé. ¿Por qué?
SUSANA. Da igual.

Silencio.

SUSANA. ¿Quién es a esta hora?

MATEO. ¿El qué?
SUSANA. ¿No han llamado a la puerta?
MATEO. No.

Silencio.

MATEO. Mi hermano me ha preguntado si llamaste a la clínica que te pasé.
SUSANA. No.
MATEO. Te vendría bien.
SUSANA. Vale.
MATEO. Es un proceso traumático.
SUSANA. ¿Ah sí?
MATEO. Da igual.
SUSANA. Llamaré cuando tenga tiempo.
MATEO. Vale.

Silencio.

MATEO. ¿Te ha dicho algo la ginecóloga?
SUSANA. Voy mañana.
MATEO. Ya era hora. Después de mes y medio.
SUSANA. No había forma de que me dieran cita.
MATEO. Me imagino.

Silencio.

MATEO. La semana que viene empiezan las remodelaciones en el bloque, ahora que la prensa se ha calmado. Los cadáveres llaman a los periodistas como moscas.

Silencio.

MATEO. Me han dicho que mañana por la tarde podemos

pasarnos a ver la urbanización. Tiene una pinta preciosa. ¿Vas a venir, no?

SUSANA. Mañana a las cinco llegan los franceses a casa de mi madre. Estaré allí para darles las llaves y enseñarles la estancia.

MATEO. Vaya. Me apetecía verla contigo.

Ayer viniendo hacia aquí vi el bar que queríamos probar hace tiempo, pero está en venta. Así que si quieres, podemos cenar por última vez en el tailandés al que fuimos el primer día, como forma de despedida.

SUSANA. Me parece bien. Me voy a la ducha.

SUSANA prepara, como todas las mañanas antes de ir a trabajar, un baño caliente. Se sienta dentro de la bañera y se limpia, con el agua a 45°C, una esponja escarlata y una calma casi ceremonial, el vientre.

En algún lugar del mundo y en el mismo momento, una depredadora lame el cadáver de una cría que ha nacido muerta.

OSCURO

LA NANA TRUNCADA

Obra teatral en tres actos inspirada en la
historia real de Catalina Muñoz Arranz

Ana Isabel Alarcón Gómez

Ana Isabel Alarcón Gómez. Graduada en Filología Clásica y Estudios Ingleses. Amplía su formación a través del Máster Universitario en Artes del Espectáculo Vivo por la Universidad de Sevilla, iniciándose en el mundo de la escritura. Realiza su trabajo fin de máster acerca de la dramaturgia femenina en el panorama teatral europeo y español.

DRAMATIS PERSONAE

por orden de aparición

CATALINA
MARIETA
FERMÍN
TOMASA
JULIÁN
GUARDIA CIVIL 1
GUARDIA CIVIL 2
SACERDOTE
GUARDIA CIVIL 3

PRÓLOGO

Oscuro. Voces en off. Suenan ruidos de cámara fotográfica que acompañan a la conversación.

HIJA. Mira tu sonajero, papa. ¿Le ves? Cógele. Está un poco... pachucho. Hemos visto a... He visto a abuela... A tu madre.

ENTREVISTADOR. Martín, ¿qué le dirías a tu madre si pudieras hablar con ella? *(En ese momento, se oye a la vez de la conversación el canturreo suave de una nana).*

MARTÍN. Anda... Qué la voy a decir... Que la quiero y que me da mucha alegría.

ENTREVISTADOR. 83 años han pasao, Martín, desde que enterraron eso.

MARTÍN. ¿Cuántos?

ENTREVISTADOR. 83, los que tienes tú, ¿no? ¿Cómo se llamaba tu madre, Martín?

MARTÍN. Catalina, se llamaba Catalina. *(Esta última frase suena con eco. El sonido acaba desapareciendo).*

ACTO I

PRIMERA ESCENA
(CATALINA, MARIETA)

Luz en el escenario, que interrumpe la nana. El espacio es una habitación, modesta, pero decorada con gusto. En el centro, una mesa de madera con dos sillas. Detrás, a la derecha, un pequeño mueble con una radio. Hay libros, periódicos, algunos juguetes y ropa de niños por todas partes. En el centro de la mesa, hay un florero con flores, intentando aportar un poco de armonía a la casa. Encima de la mesa hay también una caja con utensilios de escritura. CATALINA *está midiendo a* MARIETA, *que está delante de la mesa, y cogiéndole las medidas de un abrigo. En una silla está apoyado un costurero, y justo al lado un sonajero y más ropa de niño.*

CATALINA. Entonces, ¿para una boda me has dicho?

MARIETA. Sí, hija, antier me vino la sobrina de mi marido, Lucía, que se casa en tres meses.

CATALINA. *(Con ironía).* ¿Solo tres meses?

MARIETA. Así. Tres meses. Yo no sé cómo el padre de la niña está conforme. Estos jóvenes de hoy en día, cada vez se casan antes.

CATALINA. ¿Pero no llevan de entraderas y salidas más de dos años?

MARIETA. Siete años estuve yo con mi marido, siete años, Catalina. Todavía mi suegro decía que era poco.

CATALINA. *(Ríe).* Es que todo para la familia de tu marido es poco, Marieta.

MARIETA. Mira, niña, no vayamos a empezar que tú ya sabes que no me gusta discutir contigo. Lo de mi sobrina Lucía ya ves, claro ejemplo de lo de este gobierno.

CATALINA. *(Divertida y riéndose).* Ah sí, sí, ya me dijistes tú a mí.

MARIETA. Oye, Catalina, no me dirás que tiene comparanza lo de antes y lo de ahora. Antes vivíamos mejor, más tranquilos, no ahora que a cada momento hay problemas y gente gritando por las calles.

CATALINA. Gritando no, Marieta, protestando. Lo que pasa es que tu marido te cuenta que el sol se pone por el este y tú te lo crees *(La pincha con la aguja)*.

MARIETA. *(Se queja)*. ¡Auch! Mira, Catalinita, lo que a mí me cuente mi marido no es asunto tuyo.

CATALINA. *(Se ríe)*. Perdóname, Marieta, que no ha sido queriendo.

MARIETA. Muy divertida te veo a ti hoy.

CATALINA. *(Contenta)*. Me ha llegado una carta de Tomás.

MARIETA. ¿Ha aprendido a escribir en la cárcel?

CATALINA. Qué va. Un compañero se las escribe y me las manda, luego me las lee mi Tomasa, que ha empezado a ir al colegio hace poco. ¿Ves que la República no es tan mala, Marieta?

MARIETA. *(Cambiando de tema)*. Bueno, ¿y se sabe ya cuándo lo sueltan?

CATALINA. Aún nada. Por ahora vamos tirando, pero no sé cuánto tiempo voy a poder aguantar vendiendo en el mercado y con los niños, sobre todo con mi Martín. Ayer mismo cumplió nueve meses.

MARIETA. Mira que es guapo tu Martín. ¿Dónde lo tienes que no se escucha?

CATALINA. Dormido está, déjalo que me dé un poco de tregua. Con el encargo anterior que te hice le compré un sonajero *(da una vuelta a la habitación buscando con la mirada)*. Míralo, ahí está. No sé ni cómo está ahí, porque no lo suelta nunca. (MARIETA lo *coge y lo mira. Sonríe a* CATALINA *y deja el sonajero en la silla)*.

MARIETA. *(En tono severo)*. Catalina, niña, no te arriesgues más, con cuatro hijos no puedes hacer las cosas que haces.

CATALINA. ¿Qué cosas, Marieta?

MARIETA. Tú sabes bien de lo que te estoy hablando. (*Silencio)*. Me ha dicho mi sobrino que te vio el otro día en la manifestación en Palencia, apoyando a la República. Estarás orgullosa.

CATALINA. A mí lo que diga la gente no me importa.

MARIETA. Pues debería importarte.

CATALINA. *(Muy seca).* Ya he terminado. Te puedes quitar el abrigo cuando quieras. *(Empieza a recoger el costurero, dándole la espalda).*

MARIETA. No te pongas así. Yo solo te lo estoy diciendo por tu bien. A la gente le gusta hablar mucho, y a veces sin razón. Y además, con lo mirada que estás ahora en el pueblo, tienes que tener cuidado.

CATALINA. Marieta, es que Tomás no mató al falangista. Luchamos por lo que creemos, pero no somos unos asesinos.

MARIETA. Bueno, Catalina, pero es que eso a la familia del muerto no le importa. Eres demasiado inocente para darte cuenta de que en los tiempos que corren poco importa la justicia o las buenas intenciones. ¿No ves las calles cómo están? Hay gresca día sí y día también, cuando no son los unos son los otros. Y tú tienes cuatro niños. No me parece una situación para estar con tonterías. *(La confronta).* Déjate de bobadas, y mira a tu alrededor: no pasará mucho tiempo hasta que esto reviente, de una manera u otra. Con Tomás en la cárcel, poco puedes hacer, así que te aconsejo que vayas eligiendo bando. Y procura elegir el ganador.

CATALINA. ¿Es una amenaza?

MARIETA. *(Se ablanda).* ¿De verdad crees que yo te amenazaría?

CATALINA. Yo ya no puedo confiar en nadie, Marieta. Tú misma lo has dicho.

MARIETA. Lo único que te estoy diciendo es que pienses con la cabeza, que tengas ojo con lo que haces, porque cualquier cosa podría llevarte a una situación fea. Y los niños...

CATALINA. *(La interrumpe).* Es por ellos por quien lo hago, por mis hijos. Desde que me levanto hasta que me acuesto pienso solo en ellos, igual que su padre. ¿De verdad crees que Tomás mataría a alguien, sabiendo que podían llevarlo preso? Nosotros creemos en la libertad. No sabemos leer ni escribir, no hemos ido a la escuela, tenemos muy poco, pero queremos defender lo que tenemos. Quiero dejarle a mis hijos un país en el que puedan pensar y sentir como ellos quieran.

Silencio.

MARIETA *se quita el abrigo y lo deja encima de la silla.*

MARIETA. No quiero discutir, Catalina. Yo no entiendo de política y tampoco me interesa, ya lo sabes. Yo lo único que quiero es que tengas cuidado, que ya sé que Tomás y tú estáis muy comprometidos con la República, pero mira adonde os ha llevado eso. Yo también soy madre, y haría lo que fuera por mis hijos, te comprendo.

CATALINA. No, no lo comprendes. Mientras tus hijos juegan y van a la escuela todos los días, mi Tomasa tiene que ayudarme en el mercado, cuidar de sus hermanos, y una vez a la semana, montarse en la diligencia que va a Palencia conmigo, para al menos poder ir a la escuela. Con Lucía aún no me lo puedo permitir, y con Fernando tampoco. No es lo mismo, Marieta. Como no he conocido otra cosa, yo, Catalina Muñoz Arranz, pensaba que la vida era simplemente el frío del campo por la mañanas, las manos llenas de callos de las herramientas, llegar a casa con dolor de piernas de trabajar todo el día, y vuelta a empezar. Pero hay más, Marieta, hay mucho más. ¿Tú sabes leer no?

MARIETA. *(Con la boca pequeña)*. Sí.

CATALINA. ¿Tú sabes que hay un hombre francés que ha escrito sobre uno que da la vuelta al mundo? En globo, Marieta, en globo. Me lo ha contado Tomasa, es el próximo libro que van a leer en la escuela. Yo quiero que mis hijos sepan sobre los hombres en globo, y que no le tengan miedo a volar, como tus hijos y como todos los demás, y estoy dispuesta a luchar lo que haga falta. Y si tengo que tener al pueblo murmurando a mis espaldas por ir a defender lo que creo que es justo y legítimo, así será.

MARIETA. *(Fingiendo una sonrisa)*. Pues no se hable más, tú siempre sabes lo que tienes que hacer. *(Coge su rebeca y su bolso, que están en la silla de camino a la salida. Mientras se pone la rebeca)*. Dime, ¿cuánto te debo de esta vez?

CATALINA. *(Intentando aplacar su enfado)*. No te preocupes, ya me pagarás cuando vengas a por él, ¿vienes al pueblo todas las semanas, no?

MARIETA. Sí, sí. No es problema, no te preocupes. Si no puedo venir, ya mando yo a alguien al recado. *(Coge el bolso)*. Bueno, Catalina, me voy, que se me hace tarde, está oscuro ya y todo. *(Camina hacia la puerta, y antes de irse, se para y se vuelve)*. Cuídate mucho, y dale un beso a los niños.

CATALINA. De tu parte, Marieta. A más ver.

Marieta sale.

SEGUNDA ESCENA
(CATALINA, FERMÍN, TOMASA)

CATALINA *enciende la radio. Al principio no funciona, toca los botones. Suena el final del discurso de Dolores Ibárruri, La Pasionaria, y a continuación, la voz del locutor de Unión Radio Madrid.* CATALINA *comienza a recoger la habitación: la ropa de las sillas, el costurero...*

LOCUTOR. Recordamos el discurso dado el pasado 19 de julio por nuestra compatriota doña Dolores Ibárruri, en Madrid, y despedimos la retransmisión de hoy con la famosa copla de Imperio Argentina. Un día más, no pasarán. Salud y república, a 6 de agosto de 1936.

Suena El Día Que Nací Yo. CATALINA *sigue recogiendo. Se detiene en cada prenda de ropa, muy pensativa, hasta que acaba llegando al sonajero de su hijo Martín. Se sienta, reflexiva, mientras sigue sonando la canción. De repente, llaman a la puerta, y, sobresaltada, apaga rápidamente la radio. Temerosa, avanza hacia la puerta.*

CATALINA. ¿Sí?
FERMÍN. *(Fuera de escena).* Cata, soy yo, Fermín.

CATALINA *sale de escena y entra con* FERMÍN.

CATALINA. Qué susto, Fermín, no esperaba ya a nadie.
FERMÍN. Perdona, mujer, no quería asustarte.
CATALINA. No te preocupes, pasa, pasa. Siéntate donde puedas, ya ves cómo lo tengo todo, manga por hombro. *(Sigue recogiendo).* Acaba de irse Marieta, la de la tienda de confecciones, ¿te acuerdas de ella, no?
FERMÍN. Sí, claro. No la hacía en el pueblo, la verdad, desde que se casó con el Algarra. ¿Sabes que se ha metido en política, no? Ahora que están los militares en Palencia.

CATALINA. Sí, algo he podido intuir por lo que me ha dicho.

FERMÍN. *(Muy serio, intentando averiguar)*. ¿Por qué, qué es lo que te ha dicho?

CATALINA. Nada. *(Silencio)*. Bueno, sí. Lo de la manifestación, que no sé quién me vio en la manifestación de Palencia.

FERMÍN. Cata... Ya te lo avisé, que estaba la cosa calentita por la comandancia.

CATALINA. ¿Tan mal va por allí?

FERMÍN. Desde el levantamiento, sí. Todo ha cambiado. Es como si de repente tuvieran vía libre: cada día hay más arrestos, más represiones... menos libertad. Y yo no puedo hacer nada, Cata, nada, solo informar.

CATALINA. Ya sé que no, Fermín, no hace falta que me lo recuerdes.

FERMÍN. Tú sabes que yo hubiera hecho lo que fuera por que Tomás no hubiera ido a prisión, ¿verdad?

CATALINA. *(Afectada)*. Lo sé.

FERMÍN. ¿Cómo está? ¿Te ha vuelto a escribir?

CATALINA. Sí, justo me llegó hoy una carta. Dice que está bien, dentro de lo que cabe. Están pasando mucha hambre, y temen cuando llegue el frío. Yo solo espero que para entonces ya haya vuelto a casa. La semana pasada intenté verlo, pero no me dejaron. (FERMÍN *se ha sentado en una de las sillas, mirando alrededor)*.

FERMÍN. ¿Dónde están los niños?

CATALINA. Martín está durmiendo, y Tomasa está intentando que Lucía y Fernando lean aunque sea una frase. ¿Sabes? Yo a mi Tomasa le veo como cara de profesora, yo creo que serviría. ¿Tú te imaginas, Fermín? Una hija mía maestra. Cuando éramos pequeños jugábamos a ser profesores, abogados... ¿Te acuerdas de cuando me ponía el pañuelo en la cabeza haciendo de chulapa y me ponía a cantar? *(Se pone una pequeña camiseta de niño en la cabeza y empieza a cantar, imitando a las antiguas cupletistas)*. "Como aves precursoras de primavera, en Madrid aparecen las violeteras". *(Ríe, se quita el pañuelo y sigue recogiendo)*. Me gusta pensar que lo que para mí era un sueño es una realidad para mis hijos. *(FERMÍN no contesta)*. Aunque, tú no has acabado del todo mal, "Secretario en la Comandancia de la Guardia Civil". Aún me acuerdo cuando a tu padre casi le da un soponcio cuando le dijiste que querías estudiar leyes, y desde pequeño tenías el campanario de la iglesia lleno de libros, mientras Tomás y yo llevábamos palos, ramas, que encontrábamos por ahí para hacer casas para las palomas. *(Silencio)*. Fermín, yo creo que cada día estamos más cerca de poder abrir la escuela aquí en el pueblo, solo tenemos que esperar a que pase todo esto. Estoy segura de que Tomás saldrá pronto de la cárcel. En la radio han dicho que los militares no tienen nada que hacer, que jamás llegarán a Madrid, que solo tenemos que aguantar un poco más, que la República...

FERMÍN. *(La interrumpe)*. Cata, tienes que irte. (CATALINA *se para en seco y mira a* FERMÍN).

CATALINA. ¿De qué estás hablando? ¿Irme adónde?

FERMÍN. No creas todo lo que oyes en la radio, la situación es más seria de lo que parece. Tengo buenos amigos en la capital, y saben que esto no va a acabar bien. Azaña arenga a las masas a defender a la República, pero él mismo sabe que la guerra está perdida. Los ingleses y los franceses no van a apoyarnos, al menos no con armas. Tú misma has visto que Palencia fue de las primeras en caer. Hoy mismo han echado a la flota republicana del puerto de Tánger, y cada vez son más las provincias que están cayendo.

CATALINA. Pero todavía no ha caído Madrid.

FERMÍN. Es cuestión de tiempo que caiga, Catalina.

CATALINA. Aún es pronto. Resistiremos. Esperaré a que Tomás salga de la cárcel y nos iremos a Francia con los niños, y cuando todo se haya calmado, volveremos a casa.

FERMÍN. Catalina, vienen a detenerte esta misma noche. Tienes que irte del pueblo.

CATALINA *queda petrificada. Visiblemente afectada, se sienta en una de las sillas.*

CATALINA. ¿Pero yo, por qué?

FERMÍN. Te acusan de ir a manifestaciones, de defender ideas de izquierda y de lavar la camisa de Tomás con la sangre del falangista.

CATALINA. Eso es absurdo.

FERMÍN. Eso ahora da igual. Tienes que irte con los niños, ahora. La familia del chico no parará hasta obtener justicia.

CATALINA. ¿Qué más necesitan? Tomás está en la cárcel, estoy sola con los niños, tengo al pueblo entero en mi contra. Fermín, Tomás no lo hizo.

FERMÍN. Lo que nosotros creamos da igual, Cata. A ojos de los militares somos una amenaza, y se aferrarán a un clavo ardiendo hasta que no hayamos desaparecido todos. Te lo advertí, te dije que no les dieras motivos, que estarías en el punto de mira desde lo de Tomás. Ya viste lo que pasó con Julián...

CATALINA. *(Da un golpe en la mesa, gritando).* ¡No es justo! ¡No podemos quedarnos callados mientras ellos se hacen con el país por la fuerza!

Se oye a un niño llorar. CATALINA *hunde la cara entre sus manos. Desde una habitación de dentro, aparece* TOMASA.

TOMASA. Mamá, ¿qué pasa? Martín se ha asustado y está llorando. *(Ve a* FERMÍN*)*. Hola, tío Fermín.

FERMÍN. *(Intentando fingir una sonrisa).* Hola, Tomasa.

TOMASA. ¿Qué te pasa, mamá?

FERMÍN. A tu madre le duele un poco la cabeza, no se encuentra muy bien.

TOMASA. ¿Es otra vez por papá?

FERMÍN. No, muchacha. Mira, mientras yo le preparo algo para que se ponga mejor, tú vete adentro y calma a Martín, ¿sí? En un segundo entra tu madre. (TOMASA *asiente, y después de mirar de nuevo a su madre, entra dentro).*

FERMÍN. *(A* CATALINA*)*. He venido en cuanto lo he sabido, pero no sabía cómo decírtelo. Catalina, es tu decisión marcharte o no de España. Es cierto, nadie sabe aún cómo acabarán las cosas, pero tienes que abandonar el pueblo esta misma noche. (CATALINA *intenta hablar, pero la interrumpe*). Ya sé que no quieres marcharte sin Tomás, pero su situación no cambiará si la Guardia Civil te apresa, solo lo empeorará todo. Tienes que pensar en los cuatro críos que tienes ahí dentro. ¿No tenías una tía en Madrid? Puedes esperar allí al avance de los acontecimientos, y podrás pensar con tranquilidad qué quieres hacer, incluso consultarlo con Tomás mediante correspondencia. Tienes razón, no será tan fácil tomar Madrid. Tendrás algo más de tiempo para pensar, pero no puedes quedarte aquí. Piensa en qué querría Tomás que hicieras.

CATALINA. No tengo dinero suficiente para irme.

FERMÍN. Eso no es problema. Llevo ahorrando mucho tiempo, en caso de una emergencia, y esto lo es. Tengo dinero suficiente para que pagues el viaje para ti y para los niños y para que puedas vivir en Madrid hasta que decidas qué hacer o encuentres un trabajo. Catalina, no estaría insistiendo tanto si no supiera que esto es muy grave. Por favor, dime que estarás a la salida del pueblo en unas horas para coger la última diligencia que sale para Valladolid. (CATALINA *asiente en silencio y* FERMÍN *se acerca y la abraza*). Todo saldrá bien, Pitilina, ya verás.

CATALINA. *(Recomponiéndose)*. Hace años que nadie me llama así.

FERMÍN. *(Yéndose hacia la puerta)*. Solo los viejos amigos, ¿verdad?

CATALINA. Solo los viejos amigos.

FERMÍN. Te espero en el camino viejo con los niños, no tardes.

CATALINA. No tardamos. *(FERMÍN está a punto de salir)*. Fermín, gracias, de verdad, por todo.

FERMÍN *le hace una reverencia y sale.*

ACTO II

PRIMERA ESCENA
(CATALINA, TOMASA)

CATALINA *llora, y se toma un tiempo para recomponerse. Se seca las lágrimas y se adecenta. Llama a su hija, que está dentro.*

CATALINA. Tomasa, ven, por favor. *(Entra* TOMASA, *que no se atreve a avanzar mucho, quedándose en la puerta).* ¿Se ha calmado Martín? *(*TOMASA *asiente. Silencio).* Trae las maletas que están en el cuarto, por favor.
TOMASA. ¿Las maletas, para qué?
CATALINA. Tomasa, tráelas, por favor.

TOMASA *sale de escena, y* CATALINA *comienza a recoger todo rápidamente. Entra de nuevo* TOMASA *con una maleta grande y otra más pequeña, casi un maletín.* CATALINA *coge las maletas, las abre y empieza a guardar la ropa.*

TOMASA. ¿Adónde vas, mamá? *(*CATALINA *no contesta).* ¿Vas ahora a Palencia a ver a papá?
CATALINA. Nos vamos todos. Entra dentro y prepara a tus hermanos, tenemos que irnos cuanto antes.
TOMASA. ¿Pero adónde vamos? ¿Vamos a casa de abuela?
CATALINA. No. Coge los libros que quieras llevarte y despierta a tus hermanos.
TOMASA. Pero si acabo de dormir a Martín.
CATALINA. Deja de discutir y haz lo que te digo.
TOMASA. ¿Pero vamos a volver? *(Silencio).* ¿No nos despedimos de la abuela ni de la tía Lucía? *(*CATALINA *sigue sin responder).* Mañana tengo escuela, le dije al maestro que no faltaría, prometió llevarme más libros.
CATALINA. *(Mientras va de un lado a otro metiendo cosas en la maleta).* En casa de la tía Encarna tendrás todos los libros que

quieras. Ahora, por favor, obedece y ve adentro a vestirte *(Coge los libros que están sobre la mesa y se los da. Se pone de rodillas mientras sigue haciendo la maleta).*

TOMASA. ¿La tía Encarna de Madrid? Entonces, ¿nos vamos a Madrid? ¿Por qué? ¿Y papá? ¿Qué pasa si vuelve y no estamos aquí?

CATALINA. ¡Basta, Tomasa! Soy tu madre, y harás lo que yo te diga. *(Silencio. Se levanta del suelo, se sienta en una silla, e intenta calmarse).* Mira, entiendo que no sabes qué está pasando y que no comprendes nada, pero tienes que confiar en mí. ¿Tú confías en mí? (TOMASA *asiente).* Necesito que vayas dentro y ayudes a tus hermanos a prepararse, el tío Fermín nos está esperando en el camino viejo. Esta noche nos vamos a Valladolid, y allí mandaremos un telegrama a la tía Encarna, pero es muy importante que nos vayamos ahora. *(Se levanta).* ¿Lo entiendes?

TOMASA. Sí, mamá.

CATALINA. Siento mucho que no puedas ir a la escuela mañana.

TOMASA. Si no voy un día, tampoco pasa nada, ¿no? Podré ir la semana que viene.

CATALINA. *(Con poca voz).* Sí, claro. *(Le da la maleta pequeña).* Utilizad esta maleta, coged solo lo más importante, ¿de acuerdo? Y dile a Fernando que nada de meter aquí los gusanos de seda. (TOMASA *se va hacia el interior).* Espera, Tomasa. Esto dáselo a Martín, para que se calme, ya sabes cuánto le gusta *(Coge el sonajero y se lo da).* Enseguida entro yo, no tardaré mucho.

TOMASA. Vale, mamá.

CATALINA. *(La abraza).* Daos prisa.

TOMASA *sale.* CATALINA *mira a su alrededor. Coge el cofre con papel y tinta para escribir. Va a guardarlo en la maleta, pero, de repente, se sienta en la mesa y saca una hoja, la pluma y el tintero. Comienza a escribir, lento y con mucho esfuerzo, apenas dos letras. Enfadándose, acaba tirando la pluma sobre la mesa, abandonando su intención.*

SEGUNDA ESCENA
(CATALINA, JULIÁN, TOMASA)

Suena la puerta. Los golpes no son urgentes, sino espaciados, como quien avisa antes de entrar. CATALINA se levanta, poniéndose al otro lado de la mesa, el más alejado de la puerta. Entra TOMASA.

TOMASA. ¿Es el tío...?

CATALINA *le dice que se calle, poniéndose el dedo en los labios. Mediante señales, le dice que se vaya dentro.* TOMASA *sale. Catalina cierra la maleta y la pone en una esquina de la habitación. Se quita los modestos zapatos de tacón, y avanza silenciosamente hacia la puerta. A medio camino, vuelven a llamar.*

JULIÁN. *(Desde fuera).* Cata, sé que estás en casa. Ábreme la puerta.

CATALINA *duda. Finalmente, sale de escena, y vuelve con JULIÁN, ataviado con el uniforme falangista.*

JULIÁN. ¿No has oído la puerta? He tenido que llamar dos veces.

CATALINA. Es tarde, Julián, tengo a los niños durmiendo, ¿qué quieres? *(Se planta al lado de la mesa, tratando de impedir que* JULIÁN *avance más. Sin embargo,* JULIÁN *la sortea y se sienta en la silla más lejana, mientras* CATALINA *permanece mirando a la puerta, de espaldas a él).*

JULIÁN. Vaya humos, Pitilina.

CATALINA. *(Lo mira fijamente).* Hace años que nadie me llama así.

JULIÁN. Solo los viejos amigos como yo, ¿no?

CATALINA. ¿Qué haces aquí, Julián? Es muy tarde y tengo muchas cosas que hacer.

JULIÁN. Nada, mujer, una visitilla. ¿Y esa maleta? ¿Te vas a alguna parte? *(CATALINA no contesta).* Tendrás mucha faena desde que no está Tomás.

CATALINA. Eso se lo tendrás que agradecer a tus amigos.

JULIÁN. ¿Nosotros? Nosotros no vamos por ahí matando a la gente como perros.

CATALINA. *(Lo mira desafiante).* Tú no tienes vergüenza ni la conoces.

JULIÁN. *(Sonríe con una mueca sarcástica).* Soy un hijo de puta, ¿verdad, Catalina?

CATALINA. Esto te lo has buscado tú.

JULIÁN. Tomás eligió bando, y yo también he elegido el mío, y te arrastró a ti con él. Por mucho que nos duela, todo esto es culpa suya.

CATALINA. No te equivoques, Julián, estoy en el bando que quiero estar, nada de esto es culpa de Tomás. Aunque tus compañeros piensen lo contrario, las mujeres podemos hacer más cosas que fornicar y criar a vuestra prole. Te están llenando la cabeza de odio, de mentiras. ¿Qué pasó, Julián? ¿Cuándo te volviste así?

JULIÁN. Yo siempre he sido así, siempre he amado a mi patria.

CATALINA. Yo también amo a España, pero nosotros no forzamos a nadie a amarla a nuestra manera.

JULIÁN. Me importan una mierda vuestras maneras. Esto es muy sencillo: o estás a favor o en contra del levantamiento y del orden que hará que España salga del pozo en el que la tenéis.

CATALINA. Nada es tan sencillo en la vida, Julián.

JULIÁN. No te atrevas a darme lecciones. Tú sí que no sabes nada de la vida.

CATALINA y JULIÁN *se miran en silencio.*

CATALINA. ¿A qué has venido?

JULIÁN. Parece mentira que un día fuéramos amigos, ¿verdad, Cata? Tú, Tomás, el botarate de Fermín y yo. Lo he visto salir hace un rato de tu casa, ha estado un buen rato. Parece que él sí es bien recibido aquí, no como yo. Incluso tus hijos cuando pasan por delante de la tapicería de mi padre pasan de largo corriendo sin ni siquiera mirar. No sé qué coño les has dicho a los críos sobre mí.

CATALINA. La verdad.

JULIÁN. ¿Qué coño es la verdad?

CATALINA. Que no deben hablar contigo, porque eres un borracho que solo busca problemas. *(JULIÁN mira al suelo).*

JULIÁN. Os lo merecéis.

CATALINA. Mírame a los ojos y dime que crees que Tomás mató al muchacho falangista. Júramelo por Dios, a quien tanto nombráis. Hazlo. *(JULIÁN la mira, pero permanece callado).* Pudiste ayudar a Tomás, pudiste decir algo en su favor cuando tus camaradas empezaron a acusarle, pero te quedaste callado, como llevas toda tu vida. Primero con tu padre, que te mataba a palizas. *(JULIÁN la mira).* ¿Fue tu padre quien te metió estas ideas en la cabeza? A lo mejor esa es la razón por la que jamás te has aceptado tal y como eres.

JULIÁN. *(Desafiante).* Cuidado con lo que dices.

CATALINA. Yo no le tengo miedo a nada, Julián. Eres tú el que está aterrorizado, desde el día en que naciste. Bebes porque no te soportas. Vas por ahí con esa camisa azul, porque te da seguridad, te envalentona, aunque sin ella sigas siendo el mismo mierda de siempre *(JULIÁN se levanta).* Te sientes poderoso, ¿verdad? Nunca has tenido huevos para hacer nada, pero solo te hacía falta estar respaldado por esos desgraciados, seguir la corriente y dar rienda suelta a ese odio y a esa represión que llevas dentro. Perseguir, acusar, pegar, matar, odiar a quien se ponga por delante *(CATALINA se da golpes en el pecho).* "Porque eso es España", España, España, España; estoy harta de escuchar el nombre de España en vuestra boca. Nos acusáis a nosotros, pero sois vosotros quienes ensuciáis su nombre con vuestros actos. ¿No te das cuenta de que se aprovechan de gente como tú?

JULIÁN. ¿Qué clase de gente soy yo?

CATALINA. Gente con miedo: con miedo a vivir, con miedo a sentir, con miedo a amar.

JULIÁN. Yo vivo, siento y amo a España, y la tenéis presa. Es nuestro deber liberarla.

CATALINA. Tú y yo sabemos que España no es el único preso al que amas *(Se miran. Silencio.* JULIÁN *se sienta).* Yo siempre supe que estabas enamorado de Tomás. No era muy difícil darse cuenta, si te soy sincera, porque le mirabas de la misma manera en la que yo le miraba, y eso solo podía significar una cosa. Se te iluminaba la cara cuando le veías llegar. Yo creo que Tomás lo sabía, pero no quería hacerte daño, te quería demasiado como para echarte de su lado. Nunca quiso separarse de ti. Pero tú tomaste una decisión, Julián. Esa camisa azul te ha separado de todo lo que alguna vez has querido, de todo lo que has sido, y también de todo lo que quieres ser. Aún no es tarde para dar marcha atrás: solo los muertos no pueden perdonar.

JULIÁN. Tú no sabes nada, Catalina. Nada.

CATALINA. *(Cansada).* Por última vez, ¿a qué has venido?

JULIÁN. Cuando vi a Fermín salir de aquí yo ya sabía por qué había venido. Sé que vienen a detenerte. No hace falta que te hagas la sorprendida, Cata, se te da fatal mentir. Algo raro para ser mujer, no te lo negaré.

CATALINA. ¿Cómo sabes eso?

JULIÁN. Porque fue mi idea, Pitilina: fui yo quien propuso tu detención.

Silencio tenso. JULIÁN *saca un paquete de cigarrillos del bolsillo de la camisa, con mucha lentitud. Lo enciende, da una calada, y deja escapar todo el humo.*

CATALINA. Eres un hijo de la gran puta.

JULIÁN. *(Con mucha serenidad).* Te estoy haciendo un favor, Cata.

CATALINA. ¿Te parece cristiano dejar a cuatro criaturas sin padre ni madre?

JULIÁN. Tu madre y tu hermana están en el pueblo, ¿no? Un viajecito a prisión no te irá mal, así se te bajarían un poquito los humos y dejarías esas ideas que te están volviendo loca. Yo siempre te he tenido en alta estima, una madre digna de admiración, sacando adelante a sus cuatro criaturas, trabajando, y además, buena esposa. De verdad, Cata, bravo, porque eres una madre cojonuda. *(Chasquea la lengua).* Lástima que te hayan pillado en la manifestación y haya visto todo el mundo que eres una roja de mierda. De verdad, una lástima; pero sin quererlo has dado con la clave para ayudar a Tomás.

CATALINA. ¿De qué estás hablando?

JULIÁN. La familia del muchachito que murió no se va a conformar con la condena de Tomás: quiere sangre. Ojo por ojo, diente por diente. Un muerto por otro muerto. Quien fuera que lo matase fue a parar con la familia equivocada, porque tienen mano con gente de arriba, y pueden hacer que se produzca una ejecución. Muy fácil, eh, no te creas. Sin tonterías de juicio ni nada de eso. Antes de que el preso se dé cuenta, está delante del pelotón de fusilamiento y con una bala en la cabeza. (CATALINA *llora).* No, no, pero no llores, porque te he conseguido un trato muy bueno, me tienes que dar las gracias.

CATALINA. *(Secándose las lágrimas).* ¿Qué trato?

JULIÁN. Mis camaradas no se van a conformar con tener a Tomás en la cárcel, necesitan una garantía, y esa garantía eres tú. Es muy fácil: si tú huyes ahora mismo y vas adonde te está esperando el mentecato de Fermín, Tomás morirá en la cárcel, mañana por la mañana lo más seguro. Pero si dejas que la Guardia Civil haga su trabajo y te lleven a prisión, a Tomás no le tocará un pelo nadie. En eso tienes mi palabra.

CATALINA. ¿De qué vale la palabra de un traidor?

JULIÁN. Menos vale la de una mujer. En cuanto les llores dos veces y digas que te arrepientes de todo, te dejarán salir. Y, mientras, mantendrás tranquilitos a mis compañeros. A la familia le bastará saber que los dos estáis pudriéndoos en la cárcel.

CATALINA. ¿Y quién te ha dicho que me arrepiento?

JULIÁN. Esa no es la actitud, Pitilina, así solo vas a conseguir que te peguen un tiro a ti y otro a tu maridito, y eso sí que no te lo perdonaría nunca. Además, piensa en tus críos, ¿tú no crees que les gustaría volver a ver a su padre? Es mejor tener dos padres que solo uno, ¿no? Mira cómo he salido yo, ¿tú quieres que tus hijos se conviertan en alguien como yo?

CATALINA. Mis hijos no se parecen en nada a ti.

JULIÁN. *(Apaga el cigarrillo sobre la mesa y lo tira dentro del jarrón con flores).* Piensa lo que quieras, de mí, de los nacionales y de España, me da igual. Solo he venido a avisarte, para que sepas qué hay detrás de tu decisión. Es lo mejor que se me ha ocurrido para salvar a Tomás, no creas que lo hago por rencor, tampoco puedo hacer milagros. *(Se levanta).* Sé que tomarás la decisión correcta, Pitilina.

CATALINA. *(Sentenciosa).* Ojalá no te hubiéramos conocido nunca.

JULIÁN *la mira fijamente, con una mezcla de odio y tristeza. Avanza hacia la puerta lentamente y se para antes de salir.*

JULIÁN. Ahora la vida de Tomás depende de ti. Tú serás la única culpable de su muerte y vivirás con ello toda la vida *(Escupe al suelo y sale).*

Silencio sepulcral. Empieza a oírse una nana popular a capela, cantada por una niña, que es TOMASA *desde dentro. Suena el sonajero de Martín.* CATALINA *no se mueve, como en trance, mientras escucha. De repente, la nana se interrumpe por el llanto de Martín.* CATALINA *"se despierta" y entra dentro corriendo. Oscuro.*

TERCER ACTO

PRIMERA ESCENA
(CATALINA, FERMÍN, GUARDIA CIVIL 1 Y 2)

Se vuelve a oír la nana de la escena anterior, cantada ahora por una mujer y no por una niña. La nana se interrumpe bruscamente por la escena, que se ilumina. La iluminación nos hace entender que está amaneciendo. El espacio ya no es la casa de CATALINA, *sino que está completamente vacío. Se ve a* FERMÍN, *con la chaqueta quitada, sobre el brazo. Lleva la camisa desabrochada y remangada y un bolso al hombro. No para de mirar a un lado y otro, visiblemente preocupado. Da vueltas en círculo. Aparecen en escena* GUARDIA CIVIL 1 *y* GUARDIA CIVIL 2, *que llevan a* CATALINA. *Está completamente despeinada y cubierta de tierra. Lleva unas esposas.*

GUARDIA CIVIL 1. Nos has hecho correr, Catalina.

GUARDIA CIVIL 2. ¿Pero adónde ibas con el niño a cuestas, mujer?

GUARDIA CIVIL 1. Pero bueno, Fermín, ¿tú qué haces aquí a estas horas? *(*FERMÍN *no contesta. Solo mira a* CATALINA, boquiabierto).* Fermín, ¿te encuentras bien?

FERMÍN. Sí, sí.

GUARDIA CIVIL 2. ¿Qué haces aquí?

FERMÍN. Esperar a un amigo.

GUARDIA CIVIL 1. ¿A un amigo? ¿Aquí en el camino viejo?

FERMÍN. *(Tratando salir del paso).* Un viejo conocido de mi padre. Le trae medicamentos para un enfermo que está muy grave. Estoy esperando a que llegue en la primera carreta que viene.

GUARDIA CIVIL 2. Ya se sabe, las cosas de los galenos, que no pueden esperar.

FERMÍN. Catalina, ¿qué ha pasado?

GUARDIA CIVIL 1. ¿Esta? Nada, hombre, que le hemos pedido que viniese con nosotros un momentillo y como es más terca que una mula pues hemos tenido que esposarla, ¿verdad, Cata? *(CATALINA no responde).* Venga, mujer, quita esa cara, que hablando se entiende la gente, ¿no? Sea lo que sea, seguro que se puede solucionar.

GUARDIA CIVIL 2. Y encima la muy burra ha salido corriendo con el niño en brazos y se han caído en una zanja.

FERMÍN. ¿Con Martín? ¿El niño está bien?

GUARDIA CIVIL 1. Sí, hombre, sí, tranquilo.

FERMÍN. ¿Dónde están los niños? ¿Están solos?

GUARDIA CIVIL 1. Están con la abuela y la tía, no te preocupes.

GUARDIA CIVIL 2. Es que las mujeres os ponéis a hacer tonterías y luego no sabéis salir solas del aprieto, ¿verdad, Fermín? *(FERMÍN mira al suelo, tratando de contener las lágrimas).* ¿Cuántas mujeres han venido aquí al cuartelillo con el cuento de que el marido las pega? Y luego el marido se entera y vienen a decir que ya no pasa nada, porque no saben cómo salir de la mentira.

GUARDIA CIVIL 1. *(A CATALINA).* Lo que os hace falta es un poquito de orden y de mano dura. Si yo sé que tú eres buena muchacha, Pitilina, si te conozco de toda la vida, lo que pasa es que el Tomás y tú siempre habéis sido muy alocaos.

FERMÍN. ¿Adónde la lleváis?

GUARDIA CIVIL 2. Nos la llevamos para Palencia ahora mismito, y ya allí le harán las preguntas que la tengan que hacer, y estará de vuelta en casa con sus niños en un periquete, ¿a que sí, Perico?

GUARDIA CIVIL 1. Anda, venga, arreando que se nos va a hacer cada vez más tarde y tenemos que estar de vuelta para el siguiente turno.

GUARDIA CIVIL 2. Bueno, Fermín, hasta dentro de un rato, a ver si no tienes que esperar mucho a la diligencia.

FERMÍN y CATALINA *no paran de mirarse. Los dos guardias civiles cruzan la escena, pasando por delante de* FERMÍN. *Cuando están a punto de salir,* CATALINA *se vuelve y hace un gesto con la cabeza a*

FERMÍN. *Tiran de ella y salen de escena.* FERMÍN *se desplaza poco a poco hasta el lado opuesto de la escena, visiblemente afectado. Sale.*

SEGUNDA ESCENA
(CATALINA, SACERDOTE, GUARDIA CIVIL 3)

La iluminación se vuelve azulada y grisácea. Entra CATALINA, *cantando la misma nana de antes, y empujando o arrastrando una pared, que deja en el centro de la escena. Cae al suelo, y se apoya contra la pared. Saca de su delantal el sonajero de Martín, cuyo color rojo contrasta con el resto de la escena. Sigue cantando, hasta que la interrumpe un* SACERDOTE *que entra en su celda, llevando una silla.*

SACERDOTE. Buenos días, ¿se puede?

CATALINA. ¿Qué hora es?

SACERDOTE. Deben ser las cinco de la mañana. (CATALINA sigue sentada contra la pared. El SACERDOTE *deja caer suavemente la silla y se sienta).*

CATALINA. Supongo que viene a lo que viene, ¿no es así?

SACERDOTE. ¿A qué te refieres?

CATALINA. Que viene a ver si me arrepiento de algo antes de morir.

SACERDOTE. ¿Quieres confesarte, hija mía?

CATALINA. ¿Usted qué me recomienda, padre?

SACERDOTE. Que es mejor que cuando uno se encuentra con Dios, lo haga con la conciencia limpia. ¿Eres creyente?

CATALINA. Depende.

SACERDOTE. *(Con curiosidad).* ¿De qué?

CATALINA. Depende de quién me hable de Dios. No creo en el Dios del que hablan los militares.

SACERDOTE. *(Sonríe y asiente).* Veo que eres una mujer muy aguda. ¿Cómo te llamas?

CATALINA. Catalina Muñoz Arranz.

SACERDOTE. Muy bien, Catalina. Si tú quieres, podemos hablar con tu Dios. *(CATALINA lo mira, sin comprender)*. Cuéntame, ¿qué le dirías a Dios si pudieras hablar con él? Sin intermediarios.

CATALINA. Que me escuche.

SACERDOTE. Él siempre escucha.

CATALINA. No, padre, Él nunca escucha a la gente como yo.

SACERDOTE. ¿Qué te hace pensar eso?

CATALINA. Si Dios escuchara a la gente como yo, yo no estaría aquí, porque no habría ido a una manifestación para defender a mi país. Porque Dios no habría permitido a estos hombres oprimir al pueblo. Dios solo escucha a gente como ellos. Gente que lo tiene todo, pero siempre quiere más. Más poder, más orden, más silencio. Dios no escucha a los pobres, padre. Dios se ha marchado de España y nos ha abandonado.

SACERDOTE. Un poco cobarde Dios, ¿no? Ha salido corriendo en cuanto las cosas se han puesto feas.

CATALINA. Como la mayoría, y no les culpo. Es mejor exiliarse que estar pudriéndose en una celda, ¿no cree? *(El SACERDOTE asiente)*. Hasta para ser un refugiado de guerra hay que tener dinero, padre. Por eso estoy aquí hablando con usted.

SACERDOTE. ¿Qué te parece si dejamos a Dios a un lado, y charlamos como si fuéramos viejos amigos? Me puedes contar cualquier cosa.

CATALINA. *(Pensativa)*. Quiero hablar de mis hijos.

SACERDOTE. ¿Cuántos niños tienes?

CATALINA. Cuatro. La primera que tuve fue una niña, Tomasa. Se llama igual que su padre. A mí al principio no me gustaba el nombre, pero mi suegra se empeñó, porque ella también se llamaba así. En cuanto le vi la carita supe que daría igual el nombre que tuviera porque iba a ser la niña más bonita del mundo. Yo tenía tanto miedo al verla tan pequeñita y pálida. Debería verla ahora: alta, con el pelo largo, casi una mujer. Siempre con el ceño fruncido y carita de enfadada cuando se concentra en sus libros, porque va a la escuela, ¿sabe? Ya sabe leer y escribir, y quiero que vaya a la universidad, que haga cosas grandes, porque mi niña es muy sesuda.

SACERDOTE. Parece una chiquilla estupenda.

CATALINA. Lo es. Mi Lucía es diferente a ella, pero tiene un corazón muy grande. A Lucía siempre le ha gustado estar por ahí trasteando por el campo con los bichos. Ahora ha hecho que su hermano críe gusanos de seda en una caja que tienen en casa. Fernando y Lucía son como dos caras de la misma moneda, me recuerdan mucho a mí y a mi marido cuando éramos pequeños. Fernando tiene hasta el mismo lunar que tiene su padre en el hombro, y Lucía el mismo hueco entre las paletas que yo. Son muy malos, padre, me hacen correr mucho detrás de ellos *(ríe)*, pero son niños nobles y sensibles. Y luego llegó Martín.

SACERDOTE. ¿Cuántos años tiene el pequeño?

CATALINA. Solo tiene nueve meses. Este es el sonajero que le compré en la última feria a la que fuimos. Por aquel entonces, mi marido ya estaba en la cárcel y todo el mundo me miraba y me señalaba por la calle, pero yo decidí coger a mis cuatro criaturas y presentarme allí mismo, a pesar de lo que pensara la gente. No soy de las que se achantan. *(Mira el sonajero)*. Mi niño... Qué contento se puso, y cuánto le gustaba mover sus manitas y ver que hacía ruido. *(Entre lágrimas)*. Padre, sí que quiero pedirle una cosa.

SACERDOTE. Dime, hija.

CATALINA. Como seguro que a usted Dios le escucha, rece por mí y por mis niños. Pregúntele a Dios si hay alguna manera de que sepan que su madre los quiso siempre, con todo el alma, que no le dio tiempo a despedirse, pero que ha luchado con todas sus fuerzas por volver. Pídale a Dios que le haga llegar a Martín que me perdone, y que, aunque él no me recuerde, tuvo una madre, una madre que siempre estará con él. Es muy difícil borrar el amor de una madre, y yo sé que algún día le llegará mi amor, de alguna manera. Y pídale también que perdonen a su padre, que lo arropen cuando vuelva, que les quiso muchísimo.

SACERDOTE. *(Conmovido).* Dios ya te ha escuchado, pero por si se le olvida, yo se lo recordaré cada día.

El SACERDOTE *se levanta y se acerca a* CATALINA, *se agacha y la bendice.* CATALINA *recibe la bendición.* El SACERDOTE *le agarra una mano. En ese momento, entra un guardia civil.*

GUARDIA CIVIL 3. Tiene que irse ya, padre.

SACERDOTE. Ya voy. *(Le da un beso en la mano, se levanta y se marcha hacia la salida).*

CATALINA. Padre, por favor, no se olvide de lo que le he pedido.

SACERDOTE. Rezaré por ti y por tus hijos cada noche, te lo prometo. Ha sido un placer, Catalina. *(Sale).*

GUARDIA CIVIL 3. *(A* CATALINA). Levántate.

El guardia civil la enfrenta al público y la pone en el centro de la escena. Se escuchan las instrucciones de un pelotón de fusilamiento. CATALINA *sigue con el sonajero en la mano, lo aprieta fuertemente. En ese momento,* FERMÍN, JULIÁN, TOMASA *y* MARIETA *salen a escena, dos a cada lado. Ellos también miran al público. Se oye un disparo, que se une a un fogonazo de luz, y desemboca en oscuro.*

EPÍLOGO

Se proyecta el vídeo reportaje realizado por El País, del que se ha extraído la conversación del Prólogo. En él se explica quiénes son Martín y Catalina, personas reales, y cómo fue el proceso que llevó al hallazgo del sonajero. Seguidamente, se proyecta una imagen del retrato robot de Catalina, realizado recientemente, acompañado del siguiente texto, mientras de fondo se oye El sonajero de Martín, compuesta para la familia por Joaquín Carbonell:

Así es como se imagina hoy a Catalina Muñoz Arranz, de apodo Pitilina.

Murió el 22 de septiembre de 1936 en Palencia, a manos del bando nacional.

Condenada a cadena perpetua, su sentencia cambió sin explicación a pena de muerte.

Fue la única mujer juzgada, condenada y ejecutada en Palencia durante la Guerra Civil.

El sonajero de su hijo Martín se encontró junto a su cadáver en 2011.

Martín falleció el 12 de junio de 2023.

Hemos querido imaginar su historia y darles la voz que un día les quitaron.

A sus hijos, Tomasa, Lucía, Fernando y Martín, con cariño.

Oscuro.

MARS ONE (2033)

Markel Hernández

Markel Hernández. Licenciado en Filología Hispánica en la Universidad de Salamanca y Máster de Estudios Literarios y Teatrales en la Universidad de Granada. Escribe su tesis sobre el compromiso político en el teatro español en la Universidad de Granada. Colabora con la compañía granadina Mitra Teatro, con la que ha estrenado varias obras.

A todos los compañeros de Mitra Teatro.

«Creo que todos lo sentimos, que lo sentimos como equipo, cómo la atmósfera literalmente cambiaba a nuestro alrededor. El aire de dentro tenía un halo denso y verde que era del todo distinto al enrarecido y punzante aire del desierto que nos rodeaba. En cuanto entrabas, ahí lo tenías, en las narinas. [...] Era un aire que se podía saborear. Aire que entraba y salía por tus poros, como si todo tu cuerpo fuese un par de pulmones. Y por encima de todo aquello, el rugido de los ventiladores y de los extractores de la tecnosfera que lo mantenía todo en marcha, nuestro soporte vital que empezaba a notarse y que funcionaba día y noche con la constancia del ritmo cardíaco. [...] Como si la evolución avanzara a toda máquina y no existiera un final para lo que pudiera ocurrir aquí.»

Los terranautas, T. C. Boyle (trad. Ce Santiago)

PERSONAS

ALYSSA CARSON (APODADA BLUEBERRY)[1]:
Nacida el 10 de marzo del 2001 en Hammond (EE. UU.).
Jefa de equipo, especialista en astrobiología.

FRANCISCO DUQUE:
Nacido el 14 de marzo de 2000 en Madrid (España).
Supervisor de la tecnosfera, oficial de comunicaciones.

MARINA IVÁNOVNA TSVETÁYEVA:
Nacida el 26 de septiembre de 2002 en Moscú (Rusia).
Directora de sistemas analíticos.

LIU ZHENYUN:
Nacido el 1 de mayo de 2000 en Yanjin (China).
Especialista en biomas naturales y supervisor de cultivos extensivos.

---

1   Todo lo referido a la vida personal de este personaje ha sido extraído de entrevistas y otros documentos de la auténtica ALYSSA Carson.

En el eterno silencio del cosmos, suena una voz.

COMUNICADO DEL CENTRO DE MANDO. La superficie de Marte está compuesta por minerales que contienen silicio, oxígeno y metales, siendo el basalto toleítico el principal, y es su alta composición en óxidos de hierro el responsable del color rojo característico del planeta. La atmósfera tiene una centésima parte de la presión de la terrestre y está constituida fundamentalmente por dióxido de carbono en un 95,3 %, con un 2,7 % de nitrógeno, 1,6 % de argón y trazas de oxígeno molecular (0,15 %), monóxido de carbono (0,07 %) y vapor de agua (0,03 %).

Su mayor distancia con respecto al Sol que la Tierra, la baja conductividad térmica del suelo y la poca retención del calor de la atmósfera provocan que el clima del astro sea frío y existan grandes diferencias entre las temperaturas diurnas y nocturnas. La temperatura media ambiental es de -55º C aproximadamente, con máximas de 20º C y mínimas de -80º C.

Debido a la excentricidad de la órbita, un año marciano equivale a 687 días terrestres, lo que hace que las estaciones también duren el doble; estas se suceden de una manera análoga a las de la Tierra, puesto que ambos planetas están inclinados respecto al plano de su órbita; además, el hemisferio norte es el que posee un clima más benigno, porque sus otoños e inviernos son cortos y las primaveras y veranos largos. La duración de sus días solares es lo más semejante con la temporalidad de la Tierra: un día en Marte equivale a 24 horas 41 minutos y 18 segundos.

I

LA MÚSICA SILENTE DEL PLANETA ROJO

«El más anciano de entre nosotros reconocerá ese brillo–
Pero la palabra 'sol' habrá sido reasignada»
Tracy K. Smith
(trad. Luna Miguel)

La base de la colonia humana se levanta sobre la tierra roja con estructuras blancas de plástico. Hay plantas que realizan la fotosíntesis y oxigenan el aire, hay instrumentos y enseres científicos, todo lo que necesario para el programa espacial Mars One.

Los miembros del equipo visten monos azules con el logo del programa, la bandera de sus respectivos países y el nombre de cada uno a su espalda. Están realizando un experimento ante las cámaras.

ALYSSA. No puede existir vida en Marte. Es imposible que exista la mera idea de vida en un lugar tan hostil y abandonado como Marte.

FRAN. Pronunciar las palabras «vida» y «Marte» en la misma frase no tiene sentido. La boca se te queda seca. Sin disponibilidad de agua en estado líquido, es poco probable el desarrollo de la vida.

ALYSSA. Esto se debe a la baja presión atmosférica a la que está sometido el planeta, presión que es menos del 1 % de la de la Tierra. Aquí estamos exactamente cien veces más presionados que en nuestro planeta.

FRAN. Siento el peso de la atmósfera marciana cayendo sobre mis hombros.

MARINA. Sin embargo, los dos casquetes polares de Marte parecen estar formados en gran parte por agua. De hecho, el volumen del agua del hielo del casquete sur es suficiente como para inundar la superficie del planeta a once metros de profundidad si en algún momento llegara a derretirse. Pero eso es imposible que suceda; ahogarse en un desierto.

ALYSSA. La concepción que tenemos los terrestres del agua y la del agua marciana son dos aguas completamente diferentes; aunque, al fin y al cabo, sigue siendo en ambas H2O. Ya sabéis, dos moléculas de hidrógeno por cada una de oxígeno. Aquí el agua es hielo, el agua está oculta en el manto congelado de permafrost que se extiende desde el polo.

MARINA. Pero en el pasado sí hubo agua.

LIU. Exacto. Hace 4300 millones de años y durante 1500 millones de años, el planeta rojo tuvo un extenso océano. Era una mancha azul que cubría el horizonte. ¿Quién hubiera pensado entonces en llamar rojo a este astro?

MARINA. Marte echa de menos el agua, por eso estamos aquí, para devolvérsela, para reanimar este planeta yermo.

FRAN. Quizá quede todavía un rastro en el aire de aquella agua antigua, probablemente ahora esté mezclada con sales percloradas, en un estado de materia al que nos cuesta acceder.

ALYSSA. Lo que ocurre en Marte es que el agua es incapaz de entrar en ebullición, por lo que no puede existir en estado líquido. Si en el pasado existía la idea de agua tal y como nosotros la concebimos, es porque la atmósfera era más densa y proporcionaba temperaturas más elevadas.

MARINA. Cuando la atmósfera se disipó por el espacio en algún punto entre aquellos 1500 millones de años, la presión atmosférica disminuyó, la temperatura descendió y el agua desapareció de la superficie del planeta y quedó en estado gaseoso en escasas proporciones.

LIU. El agua está ahí, pero es como si estuviera en otra dimensión. Si el agua vaporosa se condesara sobre la superficie, formaría una película líquida cuyo espesor sería el de la centésima parte de un milímetro.

FRAN. También tenemos indicios de agua congelada en glaciares enterrados bajo la tierra, glaciares de docenas de kilómetros de extensión y profundidad. Además, cuando llega la primavera en los casquetes polares, la nieve carbónica que forma el hielo se sublima directamente sin pasar por el estado líquido.

ALYSSA. El problema es que ese hielo no coincide con nuestra idea de hielo. El hielo que forma los casquetes polares es hielo seco, es decir, CO_2. Ya sabéis, una molécula de carbono por cada dos de oxígeno. El hielo de agua está más profundo, al otro lado de la estratificación de hielo seco.

MARINA. Sin agua, no habrá vida. Tenemos que centrar nuestros esfuerzos en poder conseguir agua a nuestra disponibilidad. La vida no germinará a no ser que haya agua en estado líquido. No estamos buscando agua, estamos buscando la vida.

FRAN. Recordemos que el objetivo primero de Mars One fue el de establecer una colonia humana en Marte. Pero esa frase, «establecer una colonia humana en Marte», contiene en sí misma la investigación de la vida marciana o la sostenibilidad en el planeta. Cuando hablo de vida, me refiero a vida, vida.

ALYSSA. El científico ruso Vladímir Vernadski distinguió los tres tipos de formas existentes en el universo físico: lo abiótico, lo que no tiene vida, que se desarrolla en la geosfera; lo biótico, lo que sí, que tiene lugar en la biosfera; y la vida consciente, nosotros, para ello él creó el término noosfera.

MARINA. Desde la llegada de los sapiens, tanto la geosfera como la biosfera de la Tierra han sido transformadas por nuestra mano. En Marte no existe la noosfera. Nosotros la hemos inaugurado.

LIU. Esta misión es para encontrar vida.

FRAN. Para crear vida.

MARINA. Para desarrollar vida.

ALYSSA. Para conservar vida.

Un eclipse de luz.

2

ALYSSA. Han dejado de retransmitir en directo. Podemos descansar.

MARINA. Estoy agotada. Hablar de la falta de agua me ha dado sed. ¿De qué nos toca hacer el programa mañana?

LIU. Creo que del progreso en el cultivo.

FRAN. Yo te lo resumiré: patatas, batatas, remolacha, plátano, y de nuevo patatas, batatas, remolacha, plátano.

LIU. He estado trabajando en otras verduras.

FRAN. ¿Cuáles?

LIU. Zanahorias.

FRAN. Patatas, batatas, remolacha, plátano y ahora: ¡zanahorias!

MARINA. Hablar de comida me ha dado hambre, pero no de verduras. Quiero algo más. Daría todos los dedos de mi mano por una sola brocheta de shashlyk. Daría un pedazo de mi alma por un plato de carne a la stroganoff. Daría mi pecho izquierdo por tener kartoshka de postre.

ALYSSA. No pienses en eso. Sabéis qué día es mañana, ¿verdad? Mañana hará exactamente cien días desde que llegamos aquí.

MARINA. Qué extraño.

LIU. El tiempo pasa diferente estando en este planeta.

MARINA. Ya sé que el tiempo no transcurre igual. Concretamente: un día en Marte equivale a 24 horas 41 minutos y 18 segundos y el movimiento de traslación de un año marciano equivale a 687 días terrestres. A lo que me refería es que siento el paso del tiempo dentro de mi cuerpo de una forma distinta.

ALYSSA. Yo también lo noto. Es como un reloj de arena que no termina de caer. Hay algo alterado, no es la gravedad normal aplicada. Las agujas del tiempo se demoran.

FRAN. Si mañana es el centésimo día que pasamos en la colonia, eso significa que tendremos un programa especial. Espero que no nos hagan preguntas personales. «Doctor Francisco Duque, ¿cómo han sido sus primeros meses en Marte?»

MARINA. «Doctora MARINA Tsvetáyeva, cuéntenos en qué se diferencia vivir en el planeta rojo a vivir en el planeta Tierra.»

LIU. «Doctor LIU Zhenyun, ¿tienen sueños por la noche estando allí? ¿Qué sueñan?»

ALYSSA. «Doctora ALYSSA Carson, ¿echa de menos a su familia? ¿Cree que su familia le echa de menos?»

FRAN. «¿Siente nostalgia cuando ve el cielo y se pregunta cuál será su hogar?»

ALYSSA. «¿Siente que está al mismo nivel que sus dos compañeros astronautas masculinos? ¿Qué ha supuesto ser una de las dos primeras mujeres en pisar Marte?»

LIU. «¿A qué sabe el aire allí?»

FRAN. «¿Y el agua?»

MARINA. «¿Y la tierra?»

ALYSSA. «¿Se arrepiente de haberse alejado de su hogar natal? ¿Si pudiera volver atrás en el tiempo, llegaría hasta el mismo punto en que está ahora?»

MARINA. Sí. Nos harán esas preguntas. Detesto las preguntas personales. Lo cierto es que no echo de menos Moscú.

ALYSSA. No es verdad. A veces te escucho hablar sola en ruso.

MARINA. ¿Cómo no voy a hacerlo? Estoy harta de tener que hablar en perfecto inglés estadounidense las 24 horas 41 minutos y 18 segundos de cada día.

Una oscuridad celestial.

ALYSSA *está sola hablando a una cámara, al otro lado de la lente está el espectador.*

ALYSSA. Esta noche he tenido una pesadilla. Yo era yo misma, pero había algo diferente. Vivía aquí, en Marte, como si siempre hubiera vivido aquí. Era un extraterrestre igual que los de las películas antiguas: mi piel era verde, tenía tres ojos y tentáculos por brazos. Mi sueño marciano era montar en un cohete y visitar el planeta Tierra. El tiempo se acelera con el ritmo propio de los sueños y, en un parpadeo triple, estoy en la insólita Tierra. Miro al cielo y veo a lo lejos mi hogar, mis tentáculos no alcanzan a tocar Marte. Despierto.

¿Existe algo más hermoso y devastador que la nostalgia?

Mañana es el centésimo día. Eso es mucho tiempo. Cien días es tiempo de sobra para conocerse entre sí. ¿O no?

FRAN está intranquilo últimamente. Sé que algo le preocupa, pero no quiere decírmelo. Cuando despierta por la mañana, sus ojos están un poco más tristes. Yo le abrazo y le pregunto qué le ocurre. Él responde que nada. ¿Nada? Lo abrazo fuerte contra mi pecho, pero tampoco me lo cuenta. La próxima vez le obligaré a que confiese por orden oficial de su superior. A veces es necesario emplear el poder del que se dispone. Por el bien de la misión. Todo lo he hecho por el bien de la misión.

No confiaba en que un amor tan puro naciera en este lugar.

Todos sabemos lo que ocurre si envías a dos hombres y dos mujeres a una colonia durante cien días. Somos predecibles. Marte tendrá que civilizarse poco a poco. Esa es la misión. Expandir los dominios de la humanidad.

Cien días son demasiados. Tengo la cabeza inquieta desde la pesadilla de esta noche. No soy la única que últimamente está alterada. ¿Qué ocurre? ¿Qué están ocultándome? No puedo saber lo que ocurre en sus cabezas. Solo vosotros podéis saberlo,

¿no es así? Sois una especie de demiurgos de nuestro universo. ¿Conocéis nuestro futuro? ¿Qué será lo siguiente que nos pase? Sé que estáis ahí, al otro lado del monitor, dentro de esa oscuridad que nos divide. Espero que os complazca el mensaje de hoy una vez que, convertido en ondas, atraviese los 225 millones de kilómetros que nos separan, ¿verdad? Cuando veáis esto yo ya me habré olvidado de ello.

Fin del comunicado.

ALYSSA *desaparece.*

4

LIU *corre por el espacio. Su corazón late a más de cien pulsaciones por segundo. Las gotas de sudor caen de su cara al suelo. Se esconde cuando llega* MARINA.

MARINA. ¿Dónde estás? ¿Por qué te escondes? ¿No vamos a celebrar la víspera del centésimo día? Ya hemos hablado de esto antes. Sabes lo que tienes que hacer. Estamos aquí para eso. Firmaste un contrato. Cada acto tiene su consecuencia, LIU.

MARINA *se toca, desplaza con suavidad sus manos a lo largo de la piel del cuerpo. Sus hormonas se disparan con corrientes eléctricas.*

Sabes lo que necesito. Hace mucho que no me tocas. FRAN está demasiado ocupado con la señorita Blueberry. Echo de menos el roce de otra piel. Solo pido eso. Una piel que me bese. Estoy harta de arreglármelas sola. Quiero la calidez de un cuerpo junto al mío. Quiero que mi cerebro libere endorfinas mientras me acarician. Tanta soledad en este planeta. Tanto calor en esta base.

Cuando parece que la excitación continúa, se detiene.

¿Crees que los demás no se han dado cuenta? Eres pésimo marica.

LIU *sale de su escondite.*

LIU. No hace falta que grites.
MARINA. He visto tu cuerpo desnudo y tú el mío. Reconozco una mirada de deseo en los ojos de un hombre. Y su ausencia. La tuya era una mirada de mentira.

LIU. Lo pasamos bien. Fue divertido. Nada más. No estamos obligados a hacerlo periódicamente.

MARINA. Podría contar las veces que pasó con los dedos de una mano y, luego, ¿sabes por dónde me metería esos dedos?

LIU. ¿Qué quieres?

MARINA. ¡Que me toques!

LIU. No me apetece. Puedes aguantar un día más. Queda poco para que todo este circo se acabe.

MARINA. Firmaste un contrato. Tienes que cumplir con tus obligaciones masculinas.

LIU. No puedo. No quiero. Tengo derecho a negarme.

MARINA. Si pudiste antes, tendrás que repetirlo. ¿Crees que yo no preferiría estar con otros? Solo te tengo a ti a mano. ¿Sabes lo que les hacían en Rusia hasta 2025 a las personas como tú? Si les pillaban haciendo escándalo público, las secuestraban y se las llevaban a algún lugar recóndito de Chechenia. Allí las torturaban. ¿Y cómo se tortura a un marica? Lo que más amáis se transforma en vuestra pesadilla.

LIU. Déjame tranquilo. Estás loca.

MARINA. Estoy desesperada porque alguien me posea. Ven. He dicho que vengas. Así de cerca. Más. Un poco más.

Él cede y se deja. También echa de menos ser tocado.

MARINA. Pon tus manos en mis caderas. Sujétame fuerte. Quédate a esta distancia de mí. Siente mi respiración. Yo siento la tuya. Imagina esto mismo, pero con nuestros cuerpos tal y como vinieron al mundo.

LIU *se suelta.*

LIU. He dicho que no. Déjame en paz, por favor. ¿No ves que no puedo? Queda poco para que todo esto se termine de una vez.

5

Al mismo tiempo.

ALYSSA *entrelaza los dedos de su mano con los de* FRAN.

Lleva la mano al pecho de él, la coloca junto al corazón.

ALYSSA. ¿Estás bien?
FRAN. Sí.
ALYSSA. Mientes.

Ella pega su cuerpo al de él.

ALYSSA. ¿Por qué no me hablas?

Ella lo abraza fuerte.

ALYSSA. ¿Qué es?
FRAN. Nada.

Ella lo besa.

ALYSSA. Dime.
FRAN. No.
ALYSSA. Mírame.
FRAN. No puedo.

Ella introduce el calor de su lengua en la boca de él.

FRAN. Te quiero.
ALYSSA. No es eso.
FRAN. Pero es verdad.
ALYSSA. ¿Entonces?
FRAN. Ayer me dijeron...

ALYSSA. ¿Qué?

FRAN. Déjalo.

ALYSSA. Dímelo. Es una orden de su superior.

FRAN. ALYSSA, por favor.

Las dos conversaciones se encuentran, como dos nebulosas con pocas probabilidades de girar juntas.

LIU. He dicho que no. Déjame en paz, por favor. ¿No ves que no puedo? Queda poco para que todo esto se termine de una vez.

ALYSSA. ¿Qué ocurre? ¿Por qué esos gritos?

LIU. No es nada.

MARINA. Estamos bien.

ALYSSA. Contadnos.

LIU. *(Miente muy mal)*. MARINA estaba comentando qué es lo que más añora después de todo este tiempo. Yo le he dicho que daría lo que fuera por volver a escuchar algo de música.

MARINA. Entonces le he preguntado qué música pondría.

LIU. Eso es. Hemos estado hablando de las canciones que nos gustaba escuchar.

MARINA. Y se me ha ocurrido preguntarle con qué canción definiría Marte.

LIU. Al principio he dudado un segundo. ¿Qué música sonaría en este planeta?

MARINA. Exacto. Has dicho eso mismo.

LIU. Solo se me ha ocurrido una respuesta.

MARINA. Diles cuál.

LIU. En 1916 el compositor inglés Gustav Holst creó una suite de siete movimientos inspirándose en la influencia astrológica de cada planeta. La de este se llama «Marte, el mensajero de la guerra». Refleja perfectamente su aridez, su rugosidad y su sequedad del aire, la violencia de la falta de agua.

Poco a poco, envolviendo a los protagonistas desde la vibración de las piedras, comienza a sonar la pieza de Holst y seguirá hasta que LIU *tenga que gritar para poder ser escuchado.*

LIU. Lo primero que suena son los timbales. En compás de tres por cuatro, un tresillo, negra, negra, dos corcheas, negra. Ese es el ritmo de Marte. Tan-tan-tan, tan, tan, tan-tan, tan. Entra el aire de los fagots y las trompas, los arcos de las cuerdas en staccato contra violines, violas, violonchelos y contrabajos. La música in crescendo. Todos poco a poco cada vez más fuerte. Están vaticinando el futuro. Algo se aproxima. Más alto. Más fuerte. Más intenso. Tan-tan-tan, tan, tan, tan-tan, tan. Voces llenando este planeta en vacío. Tan-tan-tan, tan, tan, tan-tan, tan. Tambores de guerra. Música de guerra. Ya llega. Ya está aquí. ¿Podéis oírla? Tan-tan-tan, tan, tan, tan-tan, tan. ¿La oís?

Los demás empiezan a escuchar la música.

MARINA. Creo que oigo algo.
FRAN. ¿Cómo?
ALYSSA. ¿De dónde sale esa música?
LIU. ¡Es la guerra! Se aproxima. Los redobles dialogan con las trompetas. ¡Guerra! Hemos venido a traer la guerra a este planeta. ¡Somos la semilla de la guerra!
MARINA. *(Le sigue el juego).* ¡Guerra!
LIU. Somos los cuatro jinetes del Apocalipsis: peste, hambre, muerte y guerra. Somos la destrucción. Esa es nuestra misión: destruir este planeta. ¡Marte es un planeta de guerra! Ahora cae el silencio después del estruendo bélico, las cuerdas toman la palabra, poco a poco, suben, poco a poco, más, metales, percusión y de nuevo el ritmo de la marcha todavía más alto que antes. ¡Tan-tan-tan, tan, tan, tan-tan, tan! Todos marchando al unísono.
FRAN. ¡Guerra!

LIU. ¡Tan-tan-tan, tan, tan, tan-tan, tan!

ALYSSA. ¡Guerra!

Todos. ¡Tan-tan-tan, tan, tan, tan-tan, tan! ¡Tan-tan-tan, tan, tan, tan-tan, tan! ¡Tan-tan-tan, tan, tan, tan-tan, tan!

LIU. Conteneos. No ha terminado aún. De nuevo, el augurio de la tormenta. Todos la presienten. La tempestad regresa. Los ecos están aquí. Se alza. La devastación no ha terminado. Más fuerte. Hacia lo más alto. Más. Esto es lo que ocurre cuando llegan los humanos. Más fuerte. Hasta que de pronto: ¡gong! Violines, cantad el último llanto. Trompas, exhalad el último suspiro desolado. Trombones, dejadme marchar. No quiero ver. Ya vuelve. Está aquí. El último gran golpe. Todos los instrumentos doloridos.

Después de la música, cae el silencio con todo el peso de la gravedad. Los cuatro se miran entre carcajadas.

ALYSSA. Qué divertido. Hacía mucho que no lo pasábamos tan bien para matar el tiempo.

II

3, 2, 1, LANZAMIENTO

«Quédate en el planeta, si es que puedes. No es
tan frío y, lo que es más,
el calor aumenta
a cada minuto.»
Dorotea Tanning
(trad. Natalia Carbajosa)

6

La linealidad temporal se curva hacia el pasado debido a la gravedad particular de Marte. ALYSSA habla ante la cámara reviviendo sus recuerdos. Los otros tres miembros del equipo son ellos mismos y a la vez también son los recuerdos de ella.

ALYSSA. Cuando tenía tres años, vi un capítulo de la teleserie de dibujos animados «Backyardians». Había crecido con esa serie, me gustaba mucho. Un día, emitieron un episodio en el que un personaje, que era chica, además, quería ir al espacio, quería ir a Marte. Entonces nació la idea en mi cabeza. Se metió ahí dentro como si fuera una raíz de árbol muy profunda, y ahí se ha quedado hasta ahora. Después de ver el capítulo, le dije a mi padre que quería ir a Marte, igual que el personaje de la serie. Papá, quiero ir a Marte.

LIU. *(Como su padre).* ¿Qué dices, hija? Marte está muy lejos. Nadie ha podido viajar hasta ese planeta.

ALYSSA. ¿Dónde está?

LIU. En el espacio. Muy lejos de casa. Lejísimos. Más allá.

ALYSSA. Pero yo quiero ir allí. ¿Puedes llevarme?

LIU. Todavía no es posible, pero quizás llegue el día en que tu generación pueda alcanzar el planeta. Veré qué puedo hacer.

ALYSSA. Muchas gracias, papá.

LIU. Si tú deseas algo, tú puedes conseguirlo.

ALYSSA. Mi padre ha tenido un impacto muy grande en lo que he hecho en mi vida. Tenemos una conexión muy fuerte. En lo personal, fue un catalizador de mi sueño: él fue quien me inscribió en los tres Space Camps que la NASA abrió a visitantes, para los que hay que pagar bastante dinero. Él me dijo «tú puedes». Mi primer entrenamiento en un programa de la NASA fue cuando tenía siete años. Iba con mi padre por el centro espacial de Alabama, yo vestía un pequeño traje azul que mi padre me había comprado.

LIU. Cuando todos la vieron vestida de azul, dijeron que parecía un arándano de lo diminuta que era. Por eso, empezaron a llamarla «Blueberry» y todavía conserva ese mote.

MARINA. ¡Blueberry!

LIU. ¡Blueberry!

FRAN. ¡Blueberry!

MARINA. Pero ALYSSA Carson siempre tuvo otros referentes que ayudaron a que germinara en su mente la idea del viaje a Marte y a que aquellas raíces arraigadas crecieran indómitas. En 2010, cuando ALYSSA tenía nueve años, conoció a la ingeniera iraní-estadounidense Anousheh Ansari, la primera turista espacial en viajar fuera de la Tierra en un programa privado. Cuando se conocieron, ALYSSA le preguntó:

ALYSSA. Perdone, señora Anousheh, ¿cuándo se decidió a ser astronauta?

MARINA. *(Como Anousheh Ansari).* Lo decidí cuando tenía nueve años. Desde el primer viaje que hice, cada vez que subo al espacio solo puedo pensar en cuándo será la próxima. No me da miedo. ¿Cuántos años tienes pequeña?

ALYSSA. Nueve; le dije. Era una señal, estaba convencida, conocer a Anousheh Ansari hizo que me diera cuenta de que, si ella pudo, yo también, comprendí que era libre de decidir lo que quería en mi vida, aunque fuera ser astronauta. Así que continué mi formación: asistí a los dos campamentos de la NASA en Canadá y Turquía y otras partes del mundo, visité los 14 centros que la agencia tiene en Estados Unidos, aprendí a hablar FRANcés, chino y español y me preparé para estudiar astrobiología en el MIT. Fui la primera persona de todas en terminar el circuito de todos los programas, eso hizo que la NASA mostrara interés por mí y mi idea de irme a Marte. Así, me apoyó para poder estudiar y graduarme en la Advanced Possum Academy, una iniciativa privada dirigida por la propia NASA para que los estudiantes se familiaricen con las ciencias del espacio y reciban entrenamiento especializado, realizando misiones de microgravedad, entrenamientos de supervivencia en el agua, de descompresión, con trajes espaciales, y hasta de fuerza G.

FRAN. *(Como un periodista)*. ¿Cómo se siente la micrograve-dad?

ALYSSA. No es una sensación similar a ninguna cosa de la Tierra. Se siente como algo en el estómago por unos segundos y luego esa sensación extraña desaparece.

FRAN. ¿Y la fuerza G?

ALYSSA. Todo depende de a cuánta te sometas. Por ejemplo, con el grado 2 es como tener a otra persona de mi peso sobre mí. El máximo al que he llegado ha sido el grado 4,2; normalmente para un lanzamiento de cohete los astronautas se someten al grado 8.

FRAN. ¿Qué sientes cuando las personas no te toman en serio por ser tan joven?

ALYSSA. La gente no cree que vaya a convertirme en astronauta. Ellos piensan que eso ya no existe más, que no es posible. Pero eso nunca me desmoraliza.

MARINA. *(Como una periodista)*. ¿Y si cambias de opinión en, digamos, 15 años?

ALYSSA. Si en 15 años más decido que no quiero ir a Marte ni convertirme en astronauta, cada cosa hecha hasta este punto la he hecho porque la disfruto y realmente quiero hacerla. Así, una marcha atrás sería porque ya no estoy disfrutando, o porque no estoy interesada, o porque ha pasado algo que genuinamente me ha hecho decir: no puedo continuar. En ese caso, estaría okey con cambiar mi mentalidad y comenzar a trabajar en otra cosa.

LIU. *(Como un periodista)*. ¿Qué es lo que la humanidad necesita para progresar en los próximos 20 años?

ALYSSA. Mi idea sería que la misión a Marte fuera hecha por una NASA internacional, estaciones rusas internacionales, teniendo a todo el mundo yendo a Marte, y no solo un gobierno, un país, una organización espacial. Que sea un grupo en el que gente de todo el mundo vaya y descubramos juntos lo que hay. Necesitamos más unitarismo; debemos avanzar en eso.

MARINA. ¿Qué le dirías a los jóvenes que tienen un sueño, un deseo que algunos piensan que es tan imposible que no se animan ni a contarlo?

ALYSSA. Que lo más importante es continuar trabajando, creyendo y luchando hasta cumplir su sueño. Y no importa si es un poco imposible. Yo a los tres años creí que esta misión a Marte era imposible, pero ahora cada vez es un poco más real. También es muy importante hablar sobre sus sueños y creer que quieres que se concrete. Es muy importante explicar y contar tu sueño.

FRAN. ¿Qué piensas sobre la muerte?

ALYSSA. ¿Sabes?, el espacio exterior puede ser mortal. Uno sabe que es un lugar muy peligroso; que, básicamente, cada parte del espacio tratará de matarte de una u otra forma. Pero creo que esta misión traerá beneficios que podrían ser superiores a los costos. Los costos, por supuesto, pueden poner en riesgo la misión, pero creo que todo lo que pase al final será ganancia. Y el espacio también es bello.

FRAN. El espacio también es bello.

LIU. El espacio también es bello.

MARINA. El espacio también es bello.

ALYSSA. No estoy asustada, en absoluto.

ALYSSA *queda en segundo plano.*

LIU. Para que ALYSSA Carson pueda ir al espacio en el año 2033 a través del programa privado Mars One, la comunidad científica terrestre ha llevado a cabo una serie de experimentos previos: establecer la primera colonia humana en Marte. Colonizar Marte. Humanizar Marte.

MARINA. El primero de ellos fue el llamado BIOS-3. El Instituto de Biofísica de Krasnoyarsk, de Russia, por supuesto, fue el pionero en la construcción de un ecosistema artificial cerrado.

El proyecto se inició en 1965 y terminó en 1972, en plena Guerra Fría contra Estados Unidos por la supremacía tecnológica. El hábitat consistía en 315 metros cúbicos que acogerían a tres personas. La idea perseguía la independencia ecológica, ya que la energía eléctrica y algunos alimentos se importaban desde el exterior a la BIOS-3; eso sí, el agua se reciclaba y eran las algas chlorella del ecosistema las que se encargaban de mantener el equilibrio entre el oxígeno y el dióxido de carbono del interior. El tiempo más largo de confinamiento que se experimentó fue de un total de 180 días.

FRAN. 180 días, eso no es nada. En 1987 empezó a construirse en pleno desierto de Arizona la Biosfera 2, dirigido por la compañía Space Biosphere Ventures. Imagináoslo: 12700 metros cuadrados de pura ciencia y futuro, financiado con 200 millones de dólares. La macroestructura tenía en su interior una selva, un océano con un arrecife de coral, un manglar, una sabana y un desierto. La Tierra y sus criaturas reunidas a un solo alcance de vista. En 1991, entró a la Biosfera 2 la Misión 1, cuatro hombres y cuatro mujeres estuvieron encerrados dos años. Sin embargo, los niveles de oxígeno descendieron hasta un 14,5 %, por lo que tuvieron que solicitar adición de oxígeno extra en dos ocasiones, interrumpiendo la cuarentena. Esto fue debido a la poca luz que la tecnosfera recibía, fue un año muy nublado. La falta de aire y el exceso de carbono dióxido hizo que la mayoría de los animales vertebrados y todos los insectos polinizadores murieran.

LIU. Lástima.

FRAN. Mucha.

LIU. De todos modos, dos años después, en 1994, se llevó a cabo en la Biosfera 2 una segunda misión, proyectada con una duración de diez meses. Desgraciadamente, esta no llegó hasta el final, ya que dos miembros del equipo de la primera misión sabotearon el proyecto abriendo todas las puertas. El aire de la ecosfera invadió la tecnosfera. La compañía Space Biospheres

Ventures quebró en septiembre de ese mismo año. Al final, lo que aprendimos de la Biosfera 2 es que los ecosistemas artificiales cerrados son más complejos y vulnerables a lo imprevisto de lo que esperábamos, sobre todo, cuando dependen de los actos humanos.

MARINA. Los rusos no se rindieron. Los rusos no nos rendimos. Nunca. Queríamos saber más y profundizar en lo que ya conocíamos. El mismo año en que los Estados Unidos miraban hacia el desierto de Arizona donde estaba la Biosfera 2, un ruso llegó a pasar ininterrumpidamente 437 días a bordo de la estación espacial MIR. El confinamiento de Valeri Poliakov inspiró a la Academia de Ciencias de Rusia para idear un proyecto que simularía completamente un viaje a Marte. Así nació MARS-500 en 2008, un complejo arquitectónico que reproducía una nave espacial interplanetaria, un módulo de aterrizaje y un paisaje marciano. Los seis miembros de la tripulación estuvieron 250 días en la simulación del vuelo Tierra-Marte, 30 días en la bóveda que emulaba al planeta y otros 240 días por el vuelo de retorno Marte-Tierra.

LIU. El espacio también es bello.

FRAN. La Tierra también es bella.

MARINA. Marte también es bello.

FRAN. ALYSSA, ¿cómo te sentirás la primera vez que estés en Marte?

MARINA. ¿Qué sensación imaginas en tu mente?

LIU. ¿Estarás satisfecha contigo misma?

ALYSSA. Cuando llegue, cuando mis pies se posen sobre esa tierra extraña, cuando el aire de la atmósfera me acoja, cuando la gravedad caiga sobre mí, yo no sé... ¿Qué es lo que siente uno cuando ve realizado su sueño? Antes pensaba que la naturaleza de los sueños es que nunca se cumplan. Un sueño es algo que está destinado a impulsar tu vida, a guiarte a través de la oscuridad del cosmos para que puedas encontrar tu sitio. Pero, ¿qué pasa cuando lo alcanzas? Estoy convencida de que cuando llegue a Marte, no tendré más objetivos en mi vida que sobrevivir allí. Ser feliz en Marte suena a un gran desafío a largo plazo, ¿no? Cuando llegue a Marte, supongo que miraré al horizonte en busca de algo que me recuerde que ya me he despedido de la Tierra. Quizá mi mente piense en una canción para llenar el silencio.

Canta. «It's a God-awful small affair
to the girl with the mousy hair
But her mummy is yelling no
And her daddy has told her to go».
Es «Life on Mars?» de David Bowie. Mi padre me la cantaba cuando yo era pequeña y desde entonces se ha quedado grabada muy dentro de mí. A veces sale sola, sin que me dé cuenta empiezo a tararear la letra:
«But her friend is nowhere to be seen
Now she walks through her sunken dream
To the seat with the clearest view
And she's hooked to the silver screen».
A menudo me imagino que yo soy esa chica de la canción. Me imagino a mi madre diciéndome que no vaya a Marte y a mi padre enfrentado a ella. Yo también me escapaba cuando mis padres discutían en casa porque mi madre no quería oírme hablar de Marte. Ella no entendía que yo necesitara evadirme de este mundo tan atado a sus límites físicos.
«But the film is a saddening bore
For she's lived it ten times or more
She could spit in the eyes of fools
As they ask her to focus on».
Y justo ahí llega el estribillo, tan bello como una estrella fugaz vista desde una de las lunas de Júpiter.
«Sailors fighting in the dance hall
Oh man, look at those cavemen go
It's the freakiest show

Take a look at the lawman
Beating up the wrong guy
Oh man, wonder if he'll ever know
He's in the best selling show
Is there life on Mars?».

¿Hay vida en Marte? ¿Acaso es posible que exista la vida en Marte? ¿Por qué la chica de pelo castaño de la canción piensa en si hay o no vida en Marte mientras está viendo una película? ¿Por qué este mundo le resulta aburrido? ¿Por qué se quiere ir? Si ella quiere marcharse de este planeta, yo también. ¿Hay vida en Marte? Tengo que saberlo. Lo necesito.

MARINA. *(Cantando).* Is there life on Mars?

ALYSSA. Tengo que prepararme para averiguarlo.

LIU. *(Cantando).* Is there life on Mars?

ALYSSA. Tengo que perseverar, entrenar, ingresar en los programas de la NASA.

FRAN. *(Cantando).* Is there life on Mars?

ALYSSA. Esa es la frase que escucharé en mi cabeza cuando llegue allí por primera vez y esté mirando al horizonte a través del cristal de mi escafandra.

III

EL NUEVO ALIMENTO

«Los habitantes de este planeta se atan a su planeta con sus
manos, las uñas de sus pies, sus dientes, para no soltarla y
que ella no les suelte.»
Bernard-Marie Koltès

(trad. Nathalie Cañizares Bundorf)

7

El espacio es un telar galáctico y cuando una masa planetaria cae sobre él, el tiempo se confunde, se dilata o se contrae según las leyes de la física. El pasado se diluye y el presente vuelve de pronto, justo en el punto en el que estaba antes.

ALYSSA. Qué divertido. Hacía mucho que no lo pasábamos tan bien para matar el tiempo. Pero ya es tarde. Creo que deberíamos ir a descansar. Mañana es un día importante.

FRAN. Estoy lúcido esta noche. No tengo ganas de dormir.

MARINA. Yo tampoco. Quedémonos un rato más. Es una noche bella. ¿Recordáis cómo fue la primera retransmisión en directo que hicimos?

LIU. El primer día tuvimos que hablar sobre la necesidad del programa.

FRAN. Para justificar sus costes, más que nada.

LIU. No solo eso. Hablamos de los desastres naturales que nos han empujado a estar aquí.

MARINA. La primera retransmisión fue la mejor. Todas las que la siguieron no merecían tanto la pena.

ALYSSA. Nos hemos ido desgastando con el paso de los días.

MARINA. ¿Creéis que hemos perdido el brillo con el que empezamos?

FRAN. Es normal después de cien días aquí.

MARINA. Pero podemos recuperarlo. ¿Cómo fue ese primer programa? Apenas me acuerdo.

LIU. El Centro de Mando nos asignó un desastre ecológico a cada uno. A mí me tocó hacer un resumen de las últimas catástrofes naturales. Todavía sigo sin entender por qué a un niño de Austria no le interesó lo más mínimo el tifón que asoló Nicaragua en 2026, o que incluso la Sociedad Ecológica de Pekín se desconectara cuando saqué el asunto de los terremotos y maremotos de Tailandia de 2025.

MARINA. Fuiste muy aburrido y por tu culpa la audiencia bajó. No puedes tratar así a los espectadores.

ALYSSA. No fue tan malo. Nosotros no somos responsables de la actitud del público.

FRAN. Fue algo más o menos así. *(Imita a* LIU*).* Buenos días, soy el doctor LIU Zhenyun y soy el especialista en biomas naturales y supervisor de cultivos extensivos del programa Mars One. Estoy aquí en nombre de la comunidad internacional para hablaros de las catástrofes medioambientales que han asolado nuestro planeta en los últimos años. ¿Recordáis el huracán Gamma que dejó más de cien mil víctimas y daños incalculables en la península de Yucatán en 2028? Hablemos ahora de la sequía del sur de África, algo que nadie quiere escuchar. ¿Cuántos años llevan esos países en sequía sin que los telediarios del mundo quieran mostrar las cifras de la falta de agua en comparación con el resto de los países africanos y europeos? ¿Y las cifras de muertos por la epidemia de Papúa Nueva Guinea de 2030?

ALYSSA. Quizá sí que fuera una concatenación de datos, esquemas comparativos y cifras que terminaron por agotar a los espectadores.

LIU. Entonces, decidme, ¿cómo lo habrías hecho vosotros si os hubieran dado una lista de información numérica que había que divulgar?

MARINA. LIU, la cuestión no reside en enumerar uno tras otro todos los datos que nos envían desde el Centro de Mando, con eso solo consigues saturar al espectador y recordarle que no ha podido existir peor época ecológica en la que haber nacido. Lo que hay que hacer es seducirle, hacer que lo que le cuentes, sin importar lo que sea, le resulte interesante.

ALYSSA. Cuando me ganaba la vida dando conferencias por toda América, tenía un coach que me enseñó a convertir cualquier discurso banal en algo magistral.

MARINA. Hay que enganchar al público. Hacerle partícipe de tus palabras.

LIU. ¿Cómo se consigue eso?

MARINA. Te recordaré cómo lo hice, por si no te quedó claro el mejor método. Sentaos los tres. En fila. Frente a mí. *(Ellos obedecen).* Así. Como si fuerais mis espectadores. A mí me tocó exponer la repercusión ecológica de la actividad humana. ¡La repercusión ecológica de la actividad humana!

LIU. ¿Es necesario que grites?

MARINA. Ya te lo he dicho, hay que hacer que el espectador esté a casi dos palmos de tu boca. ¡El Antropoceno! ¿Cuáles son los hitos del Antropoceno? ¿Alguien lo sabe?

ALYSSA. ¿Nos preguntas a nosotros?

MARINA. Por supuesto que os estoy preguntando a vosotros. ¿A quién si no? Decidme. ¿Se os ocurre alguno?

FRAN. ¿Los derrames de petróleo?

MARINA. Eso es, FRAN. ¿Sabéis cuántos derrames ha habido en los océanos de todo el mundo tan solo en los últimos tres años? Demasiados. Cuando un petrolero se hunde, surge la marea negra. Ese fantasma oscuro que se posa como un manto sobre toda el agua contaminada. ¿Puedes darme algún ejemplo?

FRAN. Recuerdo el que sucedió en 2002 en las costas de Galicia. «Prestige» se llamaba el barco. Lo que sí debió ser prestigioso fue contemplar los 68,7 galones de petróleo esparcidos en el horizonte.

MARINA. Sin sentimentalismos, por favor. ¡Siguiente! ¿Otra maravilla humana? Tú, la señorita arándano.

ALYSSA. El más fácil que se me ocurre es la contaminación de CO_2.

MARINA. ALYSSA, por favor, eso me lo diría hasta un niño de Ruanda. Sí, ya lo sabemos todos, nos hemos pasado décadas envenenando con mierda el mismo aire que respiramos. ¡Siguiente!

LIU. ¿El exceso de producción de basura?

MARINA. Efectivamente, la ingente cantidad de basura que producimos está a punto de devorarnos. Pensábamos que el plástico sería nuestro mejor amigo y, fijaos, esa pajita que utilizamos hace treinta años para beber una Coca-Cola podrá encontrarla nuestro bisnieto en la orilla opuesta a nuestro continente.

LIU. Pienso en la isla de basura del Pacífico.

MARINA. He dicho sin sentimentalismo, porque así es, camaradas, como se hace una exposición científica.

LIU. A veces creo que te falta un corazón y que lo que late entre tus pulmones es un enorme tumor atrofiado.

FRAN. Es cierto que la intervención de MARINA realzó la audiencia que LIU había perdido.

MARINA. Hablar de catástrofes ecológicas me ha abierto el apetito.

ALYSSA. Yo también tengo hambre.

LIU. ¿Os parece bien comer después de haber tenido las palabras «sequía», «terremoto», «contaminación» o «petróleo» en la boca?

ALYSSA. No es nada personal. Debemos alimentarnos.

FRAN. He encontrado este paquete en la mesa. ¿Qué es?

LIU. Era un experimento.

MARINA. Tiene buena pinta. Dame un poco.

ALYSSA. Yo también quiero.

Comen con una ritualidad como si fuera la última cena.

LIU. ¿Qué os parece?

FRAN. Está muy rico, aunque es un sabor extraño.

ALYSSA. ¿En qué consistía el experimento?

MARINA. Parece como si fueran patatas con hongos.

LIU. Intenté combinar las propiedades minerales de una sección concreta de la plantación con los tubérculos.

FRAN. O una zanahoria con setas.

LIU. Los hongos han conseguido cultivarse bien sin dañar los alimentos. Los aditivos que me dio el Centro de Mando han hecho que germinen rápido, pero no tenía ni idea de que fueran a tener tan buen gusto.

ALYSSA. Setas marcianas.

LIU. Algo similar. Podemos mezclarlas con el resto de las hortalizas para que la comida tenga mejor sabor y sea más nutritiva.

ALYSSA. FRAN, ¿cuál fue tu tema en la primera retransmisión?

FRAN. Era una comparación entre la pérdida de biodiversidad frente a la superpoblación. ¿Afecta la disminución de agricultura ecológica a la desaparición de aves y otros roedores? ¿Dónde están los ratones campestres? ¿Quién recuerda cómo era un zorro? ¿Por qué ya no queda agua para regar los campos?

MARINA. ¿Y quién tiene la culpa?

FRAN. Tú, tú y tú.

ALYSSA. ¿Nosotros por qué?

FRAN. Yo qué sé. Me limité a leer el guion del Centro de Mando.

ALYSSA *deja de comer un segundo y se relame la boca.*

ALYSSA. Me siento un poco rara.

FRAN. ¿Qué te pasa?

ALYSSA. No sé, es algo en las tripas. Un aire de dentro que se me ha subido a la cabeza.

MARINA. Yo también lo siento.

LIU. Después de hablar de superpoblación me parece que aquí se han multiplicado las personas presentes.

FRAN. Es como si los cuatro que somos nos hubiéramos centuplicado. Como si al otro lado de esa oscuridad que nos separa hubiera una multitud de personas. Eso es la superpoblación, expandir la ciudad por todas partes. Convertir lo inhabitable en habitable y lo habitable se convierte entonces en hostil.

Están mirando al público.

MARINA. Creo que yo también los veo. Tantas personas. Están ahí, en las tinieblas.

LIU. ¿Cómo han llegado a Marte?

FRAN. Los humanos somos así, erigimos poblaciones en cualquier recodo. Primero poblado, luego villa, después pueblo, ciudad y, por último, megaciudades monstruosas: Seúl, Nueva York, Moscú, Jakarta, México DF, Shangai, Delhi, São Paulo, Tokio.

ALYSSA. Yo no veo a esa gente que decís. Lo que sí siento es que tengo el cerebro dentro de mi estómago.

MARINA. Tanta gente junta me quita el aire para respirar. Este oxígeno ya ha sido respirado por otra persona.

FRAN. Yo tampoco puedo respirar.

MARINA. ¿A dónde se ha ido el aire respirable?

ALYSSA. LIU, ¿habías probado antes a hacer ese experimento con las setas en los alimentos?

LIU. La propia idea de «experimento» comprende que es algo que se haga por primera vez, si no sería una repetición, no una aventura hacia lo desconocido.

MARINA. No estás del todo seguro de lo que acabamos de ingerir.

FRAN. ¡Mirad! ¡Mis manos! ¡Están aquí! ¡Mis manos! Cinco dedos, veintisiete huesos, los músculos rosados. Mi mano se abre. Mi mano se cierra.

FRAN *tiene un ojo de cada color, sus pupilas alternan entre verde y azul, azul y verde, verde y azul.*

ALYSSA. ¿Qué le pasa a tu mano?

FRAN. Con esta mano podría destruir el planeta entero. Con esta otra podría construir un cosmos nuevo.

ALYSSA. ¿Por qué son tan graciosas tus manos? Mis manos son normales, son aburridas. De pequeña odiaba mis manos.

La lengua de ALYSSA *cambia de forma y tamaño, sus pómulos están encendidos, recuerdan vagamente a la estrella supergigante roja Betelgeuse de la constelación de Orión.*

MARINA. ¡ALYSSA!

ALYSSA. ¿Qué?

MARINA. ¡Pareces un arándano gigante! Si presionara tu cuerpo, ¿saldría zumo de arándano?

Los rostros de los cuatro son un tornasol de colores, sus movimientos son cósmicos, en un solo gesto alucinógeno abarcan todo el espacio. Rompen en carcajadas.

LIU. Dejad de reíros como hienas. Esto no es un zoo. O sí. No lo sé. Es un zoo. Somos animales atrapados en un zoo. Tenemos que dar espectáculo a los niños que vienen a vernos. Hay muchos niños viéndonos ahora. Nos miran desde sus pantallas. Están ahí, al otro lado. Nosotros estamos haciendo nuestro circo marciano. ¿Por qué seguís riéndoos? Parecéis hienas. Pero las hienas no se ríen así. Una vez, cuando tenía siete años, fui al zoo de Yanjin. Había muchos animales. Allí vi hienas de verdad. Eran hermosas, pero yo solo podía mirar al cuidador que las alimentaba. Les arrojaba un filete de carne y ellas se le acercaban. Yo deseaba ser una hiena más para acercarme a ese cuidador. Quería olerlo igual que ellas. Las hienas se reían y comían. Se reían así: ¡Ja, je, ji, jo, ju! Las hienas se ríen de sus presas antes de devorarlas. ¡Ja, je, ji, jo, ju! ¡Voy a devoraros!

FRAN. ¡No me muerdas! No soy comida. Soy FRAN. ¿No te acuerdas? Mi abuela también tiene problemas con la memoria. Pienso mucho en ella. Supongo que estará en algún lugar viéndonos. Qué vergüenza que me vea así de drogado. Abuela, perdóname. Abuela, yo no quería; es que hemos probado unas setas que no estaban en buen estado. Abuela, eran setas marcianas. Abuela, no me riñas por haber comido setas de otro planeta. Abuela, te echo de menos. Pronto volveré. Espérame sentada en el sofá de casa. No mueras antes de que yo regrese. Te prohíbo que mueras. Si vas a morirte, saldré a por ti.

MARINA. No puedes marcharte. Nadie puede salir. Estamos

atrapados. Tenemos que permanecer aquí, en nuestro pedazo de Marte. Me casaré con la persona que me regale una roca de cada planeta del sistema solar. Mercurio, Venus, Tierra, Marte, Júpiter, Saturno, Urano. Me casaré con el hombre que me desee como nunca nadie lo ha hecho. A él le diré «te amo». Mercurio, Venus, Tierra, Marte, Júpiter, Saturno, Urano. Pero incluso enamorada, llegará el momento en que tenga que irme y despedirme del amor de mi vida. Mercurio, Venus, Tierra, Marte, Júpiter, Saturno, Urano.

ALYSSA. Qué cansancio. Qué calor hace aquí dentro. De eso iba mi exposición durante la primera retransmisión en directo. ¿Os acordáis? El calentamiento global, el calor planetario. Se estima que para el fin del siglo XXI, si es que todavía seguimos vivos como especie, la acción humana haya aumentado la temperatura del planeta entre 2 y 5 °C, o sea, entre 35,6 y 41 °F. Aproximadamente, es el mismo cambio de temperatura que sucedió en el fin de la Edad de Hielo de la Tierra durante unos 5000 años, pero en tan solo un siglo de duración. La atmósfera del planeta se ha convertido en el mayor invernadero. El dióxido de carbono y el metano se comportan como una lupa gigantesca y nosotros somos las hormigas bajo su haz de luz. Consecuencias del calentamiento global: el derretimiento de los casquetes polares, la extinción de numerosas especies animales, el aumento del nivel del mar, huracanes más peligrosos, cambios en los ecosistemas naturales, la desertificación... En definitiva, la imposibilidad del retorno al estado natural anterior.

IV

EL AMOR DE MARTE

«El mal que aventa los amores no es un mal que ronde desde fuera: anida dentro de uno. Y recordamos que cuando se pone en marcha y nos arrastra a seguirlo, lo seguimos como si fuera un bien. Así, como siempre, llegamos a la conclusión de que ni el rezo, ni la vigilancia, ni el temor impiden crecer a ese mal si tiene que crecer.»

Sara Gallardo

8

Es el centésimo día. ALYSSA *está hablando a la cámara invisible.*

ALYSSA. Estimados dirigentes del Centro de Mando y otros representantes y agentes del programa Mars One, a todos ustedes, espectadores, que están detrás de las cámaras que nos miran:

En nombre de los cuatro miembros del equipo, les pido nuestras más humildes disculpas por el comportamiento de anoche. Fue absolutamente inadmisible e intolerable, por lo que no volverá a repetirse. Ya conocen el error de la máxima gravedad que nos condujo a aquel estado: consumimos unas setas de procesamiento incierto que nuestro experto en biomas naturales consideró que serían comestibles. Por desgracia, nuestro compañero se equivocó y los cuatro sufrimos una intoxicación alucinógena. Ninguno de nosotros recuerda con exactitud las cosas que dijimos o hicimos y hoy padecemos una jaqueca atroz. Quedamos a la espera de una notificación por su parte durante el día de hoy, siendo nosotros plenamente conscientes de la importancia de este centésimo día dentro de Mars One.

Fin del comunicado.

9

FRAN. ALYSSA, tengo que decirte algo.

ALYSSA. No es el momento, FRAN. Tengo que prepararlo todo para la retransmisión en directo con el Centro de Mando.

FRAN. Si no te lo digo ahora no podré hacerlo nunca. Necesito que lo sepas.

ALYSSA. Ahora no.

FRAN. ALYSSA, por favor. Concédeme un minuto. Te lo ruego.

ALYSSA. Tenemos que seguir adelante con la programación.

FRAN. La existencia de la materia oscura completa el vacío del universo igual que la existencia del amor completa el vacío de nuestro mundo.

ALYSSA. ¿Qué?

FRAN. El amor funciona igual que un agujero de gusano que atraviesa el tejido del espacio-tiempo conectando dos puntos lejanos en el vacío. Es un desgarro de energía. El amor pliega el infinito entre dos cuerpos.

ALYSSA. ¿Qué intentas decirme?

FRAN. Es por culpa de tus ojos, ALYSSA, cuando reflejan las estrellas. Los miro y pienso en un cometa chocando contra un astro o una supernova que explota y extiende sus destellos por la oscuridad del espacio. Un agujero negro engullendo una enana roja. La muerte de una estrella anciana y el nacimiento de una nueva. Las perseidas precipitándose en la noche estival. La energía liberada de los cuásares y la senda pedregosa de un cinturón de asteroides.

ALYSSA. ¿A qué viene todo esto ahora? Tenemos trabajo que hacer.

FRAN. Solo quería que lo supieras.

10

ALYSSA. ¡Equipo, a formar!

Llegan los demás.

ALYSSA. Miembros del Mars One, dentro de poco voy a iniciar la comunicación con el Centro de Mando. Como ya sabéis, hoy nos han prometido un programa especial para celebrar el centésimo día.

El tiempo... ¿Qué nos ha hecho el tiempo?

Quería comunicaros personalmente el orgullo que siento por este equipo. Vuestra dedicación, respeto, obediencia, aspiración e ímpetu han hecho de este experimento algo único y hemos obtenido resultados excelentes en las pruebas científicas realizadas a lo largo estos cien días en la colonia.

Yo era solo una niña de cuatro años que veía la serie «Backyardians» cuando de pronto le dije a mi padre que quería ir a Marte. LIU, FRAN, MARINA, sin vosotros tres mi sueño jamás podría hacerse realidad. Os estoy agradecida desde lo más profundo de mi corazón. Eternamente.

Doy paso a la transmisión.

Se activa la comunicación con el CENTRO DE MANDO.

COMUNICADO DEL CENTRO DE MANDO. Tras décadas de investigación y experimentación aeroespacial, el programa Mars One ha sido el único que no se ha rendido hasta establecer la primera colonia humana en el planeta rojo. Millones de espectadores por todo el planeta Tierra siguen a diario los avances científicos del equipo, formado por Alyssa Carson, la jefa de equipo y especialista en astrobiología; Francisco Duque, el supervisor de la tecnosfera y oficial de comunicaciones; Marina Ivánovna Tsvetáyeva, la directora de sistemas analíticos; y

Liu Zhenyun, el especialista en biomas naturales y supervisor de cultivos extensivos. Gracias a las generosas donaciones de los espectadores, la misión de Mars One ha podido desarrollarse con éxito. Han pasado cien días terrestres desde que nuestro equipo llegó a Marte y ahora hemos alcanzado el final de la primera fase del proyecto. Jefa del equipo Alyssa Carson, un paso al frente.

Ella se adelanta.

COMUNICADO DEL CENTRO DE MANDO. Hace pocos días, se le comunicó a cada miembro de tu equipo científico una nueva orden. El final de la primera fase de la misión ha concluido con el establecimiento de la colonia. En la segunda fase, un nuevo equipo te acompañará para expandir el territorio de la colonia. Francisco Duque, Marina Ivánovna Tsvetáyeva y Liu Zhenyun han sido requeridos para proceder con el resultado de sus investigaciones desde la base terrestre de Mars One. Ellos regresarán a la Tierra en la nave. Tú permanecerás en Marte a la espera de la llegada del siguiente equipo para proceder con la segunda fase de la misión. Alyssa Carson, despídete de tu equipo y dirígete a la sala del confesionario para transmitir tu experiencia a los espectadores. Fin del comunicado.

Un silencio interestelar.

ALYSSA. Esto no tiene sentido.
FRAN. ALYSSA, ¿estás bien?
ALYSSA. No lo entiendo. Nos dijeron que el final de la primera fase de la misión sería mucho más adelante.
FRAN. Quieren que el programa avance a la siguiente fase cuanto antes para cumplir otros objetivos.
MARINA. Y atraer nuevo público.

ALYSSA. Pero en el contrato no establecían que al final de la primera fase alguien tuviera que quedarse aquí solo. Empezamos esta misión juntos y tenemos que terminarla juntos. Ese era el objetivo.

MARINA. El programa ha tomado una nueva dirección y han hecho cambios.

FRAN. Alguien tiene que quedarse en Marte a cuidar de la colonia y han decidido que seas tú. Consideran que eres la única con la tenacidad suficiente para afrontar esta fase de la misión.

ALYSSA. ¿Es un castigo por culpa de las setas que tomamos? Ya me he disculpado públicamente en un comunicado.

LIU. No tiene nada que ver con lo de ayer, no te preocupes. Esto está decidido desde antes. Nos trasladan, ALYSSA.

MARINA. Nuestro tiempo en Marte se ha acabado. Ha sido divertido y hemos trabajado y aprendido mucho de este planeta y de ti. Has sido la mejor líder de equipo que he tenido.

LIU. A nosotros nos esperan 200 días de hibernación para el viaje de vuelta a la Tierra. La nave de tu nuevo equipo ya está en camino. Seguirás investigando la vida en Marte con ellos.

ALYSSA. ¿Van a dejarme sola hasta que lleguen?

COMUNICADO DEL CENTRO DE MANDO. ALYSSA Carson, despídete de tu equipo y dirígete a la sala del confesionario para transmitir tu experiencia a los espectadores.

LIU. Tienes que irte, ALYSSA. Es el momento.

ALYSSA. No podéis abandonarme. Después de todo lo que hemos pasado juntos.

MARINA. Es una orden y tenemos que cumplirla. Y tú también. Lo siento mucho.

LIU. Nos veremos más tarde mientras hacemos nuestros preparativos.

MARINA. LIU, vamos a dejarlos solos.

LIU *y* MARINA *se van.*

FRAN. ALYSSA, conocerte ha sido lo mejor que me ha pasado.

ALYSSA. No quiero quedarme sola en este planeta.

FRAN. No tengas miedo. Todo irá bien.

ALYSSA. Perdóname.

FRAN. ¿Por qué?

ALYSSA. Voy a perderte y apenas me he dado cuenta. Tenía la cabeza en otro lugar.

FRAN. Pasarán 400 días hasta que nos volvamos a ver. Te esperaré en la Tierra.

ALYSSA. Quédate conmigo.

FRAN. No puedo.

ALYSSA. Tú también me dejas sola. ¿Alguien tiene el valor para ser la única persona que se quede en un planeta desconocido?

FRAN. Solo tú.

ALYSSA. Estás agradecido de que no te hayan dado la orden de quedarte a ti. Prefieres que sea yo.

FRAN. ALYSSA, es una orden de primer grado.

ALYSSA. ¡Márchate! ¡Vuelve a la Tierra! ¡Lejos de mí! No quiero volver a verte.

COMUNICADO DEL CENTRO DE MANDO. ALYSSA Carson, dirígete a la sala del confesionario.

FRAN. Adiós, ALYSSA.

FRAN *le da un beso y se va.*

ALYSSA *se queda sola ante la cámara.*

ALYSSA. Esta decisión no estaba estipulada en el contrato. No me dijisteis que sustituiríais a mi equipo por otro. Esta misión la empecé con ellos y tenemos que terminarla juntos. Dejad que me vaya con ellos. El objetivo de la misión era establecer una colonia en Marte, crear e investigar la vida, convivir y estudiar nuestro comportamiento en esta atmósfera. Lo hemos conseguido. ¿No merezco misericordia?

¿Por qué los mandáis a ellos de regreso a la Tierra y no a mí?

¿Creéis que no puedo negarme? No podéis hacerme nada peor desde allí. ¿Cuánto tiempo tardará en llegar el siguiente equipo? Decídmelo. Quiero respuestas. ¿100 días? Eso son tres meses terrestres. ¿Más de 100 días? Respondedme.

No podéis hacer que me quede sola. No me obliguéis a quedarme sola. Por favor. No soy tan valiente como pensaba. Esta misión me supera.

La soledad en este planeta pesa demasiado.

El tiempo en este planeta pesa demasiado.

No hay ninguna belleza aquí.

No quiero quedarme sola en Marte.

Quiero irme de Marte.

Dejad que me vaya de Marte.

Por favor.

Dejad que me vaya.

Os lo suplico.

No quiero estar sola en Marte.

Oscuro final.

ÍNDICE